자기 주도적인 아이들을 위한 이기는 습관

자기 주도적인 아이들을 위한
이기는 습관

초판 1쇄 인쇄 2021년 10월 15일
초판 1쇄 발행 2021년 10월 22일

글 이수지
그림 수아

펴낸곳 대림출판미디어
펴낸이 유영일
마케팅 신진섭
등록 제2021-000005호
주소 서울시 영등포구 대림로34다길 16, 다청림 101동 301호
전화 02-843-9465
팩스 02-6455-9495
E-mail yyi73@naver.com
Blog blog.daum.net/dae9495

ISBN 979-11-975080-6-6
   979-11-975080-5-9 (세트)

※ 값은 뒤표지에 있습니다. 잘못된 책은 바꾸어 드립니다.

대림아이 자기 주도 학습동화 01

자기 주도적인 아이들을 위한
이기는 습관

이수지 글 | 수아 그림

대림아이

목차

1. 우주 캠프 … 10
2. 소시지 & 디자이너 섭외 … 19
3. 짜장 떡볶이 그리고 구름마블 … 29
4. 안테나 별명을 가진 아이 … 39
5. '비우세' 모임 첫날 … 43
6. 앞으로 경시대회까지 두 달 … 49
7. RC카의 등장 … 53
8. 최고 영재와의 만남 … 57
9. 갈등의 시작 … 62
10. 오해 … 68
11. 드디어 드론의 설계 … 74
12. 나름대로 계획 … 82
13. 앞으로 한 달 … 86

14. 드론을 날리다 … 95
15. 무조건 크고 튀어야 해 … 104
16. 3주일 전 … 108
17. 다시 시작하다 … 115
18. 재활용하다 … 123
19. 어묵의 의미 … 127
20. 진정한 1등 … 133
21. 디자인을 내려받다 … 138
22. 서로서로 손잡고 … 145
23. 주사위가 던져지다 … 151
24. 특별한 자유 이용권 … 159
25. 어느 특별한 겨울이야기 … 164

1. 우주 캠프

선아는 오늘 기분이 영 별로입니다. 왜냐면 또 유치환 때문이에요.

교실에 들어오자마자 반에서 가장 바보 같고 시끄러운 유치환이 선아를 놀려댔거든요.

"야, 넌 이름 바꿔야 하는 거 아니야? 최 꼬마로? 으하하!"

유치환이 웃어대자 주변에 있던 몇몇 애들도 쿡쿡 따라 웃었어요. 순식간에 선아의 얼굴이 빨갛게 달아올랐습니다. 너무너무 괘씸해서 한 대 확 패주고 싶었지만, 꾹 참았습니다.

'참을 인'을 세 번 쓰면 살인도 면할 수 있다던 한자 학원 훈장님 말씀이 생각났거든요. 그 대신 선아는 머리를 한 번 뒤로 새침하게 넘기며 유치환을 쏘아봤습니다. 그리고 살짝 웃으면서 말했어요.

"유치환, 너야말로 유치원으로 돌아가야 하는 거 아냐? 너무 수준 낮은 개그 아니니?"

그러자 옆에 있던 친구들이 모두 와하하 하고 큰 웃음을 터뜨렸습니다. 그 순간 유치환의 눈에는 불이 번쩍 빛나는 것 같았습니다. 치환이는 너무 화가 치민 나머지 선아를 향해 쿵쾅쿵쾅 걸어왔어요.

선아는 조금 떨렸지만 침착하게 치환이를 지켜보았습니다. 비록 선아는 반에서 키가 제일 작긴 했지만, 가장 용감하고 야무지다는 칭찬을 듣곤 했거든요. 그런 선아가 늘 아이들에게 바보 같은 농담을 던지고, 잘난 척이나 일삼는 유치환에게 굽힐 이유가 없었습니다.

"얘들아, 그만 좀 싸워. 이제 선생님 오실 때 되었어."

회장인 윤지가 치환이 앞을 막아섰습니다. 그러자 치환이는 그 자리에 멈춰서 씩씩대며 선아를 노려보았어요. 선아도 질세라 치환이를 매섭게 쏘아보았습니다.

그때, 교실 문이 열리며 담임 선생님께서 들어오셨습니다. 선생님은 평소에 선아와 치환이가 원수처럼 지내는 걸 알고 계셔서 아이들이 모여 있는 모습에 별로 놀라지 않으셨어요. 하지만 늘 그렇듯이 엄한 표정을 지으시며 두 사람을 나무라셨습니다.

"선아야, 치환아, 이제는 그만 화해할 때도 되었잖니? 옛날에 서로 다투었어도 이제는 같은 반 친구로서 성숙하게 서로를 대해야지."

선생님 말씀에 선아는 유치환과 완전히 적이 되어버린 날이 떠올랐습니다.

그날은 공원에서 백일장과 그림 그리기 대회가 있었습니다. 그때도 선아와 치환이는 같은 반이었지만, 지금처럼 사이가 나쁘지는 않았어요.

그날 치환이는 새로 선물 받은 크레파스를 가져왔어요. 모두들 조용히 그림을 그리고 글을 쓰거나, 간식을 먹으며 도란도란 이야기를 나누던 중이었지요. 갑자기 치환이는 시끄럽게 크레파스 자랑을 하기 시작했습니다.

"야, 다들 이거 봐라. 우리 삼촌이 프랑스 출장 갔다가 사 오신 거다. 한국 크레파스에 없는 색깔도 많고, 훨씬 부드러울 걸?"

아이들은 눈살을 찌푸렸습니다. 다들 자기 할 일에 집중하고 있는데, 별로 관심도 없는 치환이의 크레파스 자랑 때문에 방해를 받았으니까요. 아이들이 싫어하거나 말거나 치환이는 신이 나서 계속 자랑을 하며 그림을 그렸어요. 마치 마술 크레파스라도 되는 양 그걸로 그림을 그리면 대상을 받을 거라고 큰소리를 뻥뻥 쳤답니다.

그런데 이게 웬일일까요?

"그림 그리기 대회 2학년부 대상, 2학년 3반 최선아."

전교생들이 듣는 조회 시간에 이름이 불린 사람은 유치환이 아니라 최선아였습니다. 선아는 얼떨떨하며 상장을 받아왔습니다. 친구들은 선아를 둘러싸고 대단하다며 축하해 주었습니다.

한편, 그토록 요란하게 그림을 그렸던 치환이는 망신을 톡톡히 당하고 말았어요. 3반 아이들은 선아가 대상을 받았다는 사실보다 치환이가 아무 상도 받지 못해서 쌤통이라 여겼습니다.

"킥킥, 프랑스에서 온 크레파스보다 최선아가 쓰는 마트표 크레파스가 더 고급인가보다!"

아이들은 치환이를 놀려댔습니다. 너무 창피해서 치환이는 쥐구멍에라도 들어가 버리고 싶었습니다. 그리고 자기가 놀림거리가 된 건 대상을 받은 선아 때문이라는 억지스러운 생각을 해버리게 되었고 친구들 사이에서 웃고 있는 선아가 얄미워 미칠 지경이었습니다. 그래서 치환이는 선아에게 냅다 달려가 상장을 갈기갈기 찢어버리고 말았어요!

"야! 유치환! 너 미쳤어?"

선아는 깜짝 놀라 소리를 질렀어요. 그러자 친구들이 달려와 치환이를 말렸고, 선생님도 뒤따라 오셔서 치환이를 크게 꾸중하셨어요. 하지만 이미 선아의 상장은 찢어져서 조각조각 흩어지고 말았답니다. 나중에 선생님께서 상장을 새로 만들어 다시 주셨지만, 이미 선아의 마음에는 지워지지 않는 상처가 남아버렸지요.

그때부터 선아는 치환이를 원수 보듯 미워했고 치환이 역시 틈만 나면 선아를 무시하고 놀리려 들었지요. 다행히 3학년 때는 다른 반이 되어서 서로 거의 부딪히지 않고 지낼 수 있었지만, 운명의 장난인지 4학년이 되자 다시 같은 반이 되었습니다.

그때부터 두 사람은 이틀이 멀다 하고 으르렁대며 지냈답니다.

"자, 모두들 과학 경시대회가 열리는 거 알고 있지요?"

선생님 말씀에 선아는 옛 기억에서 깨어났습니다. '과학 경시대회'라면 평소에 과학을 좋아하던 선아가 늘 관심 있어 하던 대회입니다. 선아는 심심할 때마다 스케치해 놓았던 비행기를 만들어 날려 보고 싶었습니다.

이 대회에서 상을 받으면 늘 과학 도서를 아낌없이 사주셨던 엄마가 매우 기뻐하실 것이 틀림없었습니다. 선아는 선생님을 향해 손을 번쩍 들었습니다.

"선생님, 제가 출전해보고 싶어요."

"오, 선아야, 예상은 했지만 먼저 말해주니 기쁘구나."

선생님의 말씀에 아이들이 모두 웃었습니다. 그만큼 모두들 선아가 공부를 잘하고 학교 일에 적극적인 걸 알고 있었지요. 이런 반응에 얼굴을 심술궂게 잔뜩 찌푸린 사람이 하나 있었습니다. 바로 유치환이었어요.

치환이는 선아가 과학 경시대회에서까지 상을 받는 것은 정말 보기 싫었습니다. 그래서 그만 자기도 번쩍 손을 들고 말았지요.

"선생님, 선생님. 저요! 저도 있어요!"

"응? 치환아, 무슨 일이지?"

선생님께서는 치환이가 하도 다급히 불러서 무슨 일이라도 생긴 줄 알았습니다. 하지만 치환이 역시 자기가 경시대회에 나가겠다고 선언하듯 말했지요.

"저도 이번 과학 경시대회에 꼭 참가할 거예요, 아마 제가 대상을 탈 걸요?"

치환이의 자신감 넘치는 목소리가 교실 한가득 쩌렁쩌렁 울렸습니다. 아이들은 이번에도 킥킥대며 웃었지요. 물론 선아에게 웃었던 것과는 조금 다른 의미였습니다.

선생님께서는 아이들에게 조용히 하라고 주의를 시키시며 이번 대회가 얼마나 중요한지 말씀해 주셨습니다.

"이번 대회는 특히 더 중요하답니다. 치환이의 말처럼 대상을 받는 사람은 아주 크고 근사한 트로피와 함께 상금을 받게 됩니다. 게다가, 또……."

"또, 뭔데요, 선생님?"

아이들은 모두 궁금증이 폭발할 듯 선생님을 바라보았어요.

그러자 선생님께서는 싱긋 웃으시며 선아와 치환이를 번갈아 보셨습니다.

"우리나라 최고의 천체 망원경이 있는 국립 천체 과학관에서 개최하는 우주 캠프에 참가하는 자격을 얻는답니다!"

"우와~~!"

'천체 과학관 우주 캠프!'

아이들의 함성과 함께 선아의 가슴이 방망이질 치기 시작했습니다. 평소에 별자리 관찰도 좋아하고 우주에도 관심이 많아서 우주 캠프에 가보는 게 소원이었거든요.

이렇게 된 이상, 선아의 목표는 더 확실히 굳어졌습니다.

'반드시 과학 경시대회에서 대상을 타고 말 거야! 우주 캠프에 가는 건 물론이고, 제멋대로인 유치환의 코를 아주 납작하게 눌러버려야지.'

선아는 입술을 앙다물며 마음을 단단히 먹었습니다. 그러곤 아직도 자기를 향해 얼굴을 씰룩대며 기분 나쁘게 웃는 유치환을 쫙 째려보았습니다.
  '두고 보자!'

2. 소시지 & 디자이너 섭외

'어떤 걸 만들어야 최고로 근사하고, 돋보일 수 있을까?'

집으로 가는 길에 선아는 골똘히 생각에 잠겼습니다. 한참이나 생각에 빠져 걷다가, 마침내 아파트 등나무 벤치에 앉아 가방 속에 있던 두꺼운 노트를 꺼냈습니다.

노트에는 꼼꼼하게 메모해 놓은 글자들과 선아가 직접 그린 그림들, 신문 기사 등으로 가득 채워져 있었지요.

이 노트는 선아가 3학년 때부터 기록해 온 '과학 노트'였습니다. 선아는 노트를 팔랑팔랑 넘기다 어느 한 페이지에 멈췄습니다. 거기엔 선아가 직접 정밀 묘사한 커다란 비행기가 있었습니다.

"선아야, 오늘 학원 안 가?"

노트 위로 그림자가 나타났습니다. 선아는 대번에 현우라는 걸 알았습니다. 현우는 같은 반 친구이자, 어릴 적부터 같은 동네 친구였습니다.

현우는 똘망똘망한 눈으로 선아의 그림을 내려다보며 옆에 앉았어요. 그러곤 천천히 비행기를 들여다보았습니다.

"굉장히 잘 그렸는데? 이걸로 경시대회 나가는 거야?"

"글쎄, 아직 결정한 건 없는데…. 현우 넌 어떻게 생각해?"

"이 정도 비행기를 완성할 수만 있다면 정말 최고지, 근데… 가능할까?"

현우의 눈가에 근심스럽게 찌푸렸습니다. 선아도 덩달아 힘이 쭉 빠졌습니다. 그런데 갑자기 현우가 가방에서 무언가를 꺼냈어요. 현우도 선아처럼 두꺼운 노트 한 권을 꺼내 들었지요.

"내가 예전에 어린이 직업 사전이라는 책에서 봤는데, 비행기 같은 크고 복잡한 기계는 혼자서는 절대 못 만든대. 예를 들면."

"예를 들면?"

선아는 현우의 말에 집중했습니다. 현우가 노트를 펼치고 우산살 같은 선들을 죽죽 그어나가는 걸 보면서 말이에요. 현우는 그 선들의 끝에 각각 엔지니어, 디자이너, 조종사…. 기타라고 적었습니다.

"우선 모든 걸 지휘하는 감독이 있어야 해. 바로 선아 너 같은 애 말이지. 자 그럼 여기 제일 굵은 선에 '감독'이라고 적자. 그리고 감독이 모든 계획을 짜면 그때부터는 개인기를 발휘해야 하는 거지."

"개인기? 그럼 각자 잘하는 걸 말하는 거야?"

"바로 그거야. 음……. 지금까지 과학 성적이 좋거나 물건 조립을 잘하는 친구에게 비행기를 설계하고 조립하는 일을 맡기는 거지. 관찰 괴물로 소문난 2반의 현미로 같은 애? 그리고 비행기가 잘 날 수 있도록, 또 멋지게 디자인하는 건 미술을 잘하는 우리 반 해나. 그리고 마지막으로 조종사는……."

조종사에서 현우가 시간을 끌며 눈치를 보자 선아는 피식 웃었습니다. 현우의 마음을 알아차려 버렸거든요. 사실 현우의 취미가 RC카(무선조종 자동차) 수집과 조종이라는 건 모두들 알고 있는 사실이었습니다. 선아는 현우가 기다리는 대답을 냉큼 해주었지요.

"인심 썼다! 조종사는 이현우!"

"앗, 저 말입니까? 그렇게 제가 필요하시다면야……."

현우는 무대에 선 아이돌 가수처럼 고개를 꾸벅꾸벅 몇 번이나 숙여 인사하는 흉내를 냈습니다. 그 모습에 선아가 까르르 웃고 말았습니다. 선아는 현우 덕분에 경시대회의 밑그림이 그려지는 것 같아서 아까보다 훨씬 마음이 가벼워졌답니다.

  그래도 급한 일은 있었습니다. 바로 현우가 말한 대로 각자 역할을 맡은 아이들을 섭외하는 것이었지요. 계획한 대로 된다면야 좋겠지만, 점찍어 놓은 친구들이 하기 싫어하거나 다른 일이 있을 수도 있으니까요. 선아는 일단 같은 반인 해나에게 톡을 보냈습니다.

다행히 해나와는 빨리 만날 수 있을 것 같았습니다. 해나는 전국 미술 대회에 나가서도 상을 받아본 실력자였고 선아는 해나와 1년 동안 같은 미술 학원에 다녔기 때문에 꽤 친한 편이었지요.

만약 해나와 함께 이 일을 하게 된다면 미술 학원에서 함께 콜라주 그림을 완성해 냈던 것처럼 멋진 비행기를 만들 수 있을 것 같은 예감이 들었습니다.

학원이 끝나자마자 선아는 단풍사거리로 달려갔습니다. 미술 학원에 다닐 때도 해나가 이 '지유'편의점을 가장 좋아한다는 걸 알았기 때문에 일부러 약속을 그곳으로 잡았답니다.

"선아! 나 여기!"

편의점에 들어서자 먼저 온 해나가 선아를 향해 손을 흔들었습니다. 둘은 슈퍼 장사 소시지와 주스를 사서 편의점 파라솔 아래 자리를 잡았어요.

선아는 이런저런 수다를 떨다가 이윽고 해나에게 경시대회에 나가자는 본심을 털어놓았습니다.

"도와줘, 해나야. 정말 재밌는 추억이 될 거야."

"흐음. 이걸 어쩌지. 고민되는 걸."

해나는 조금 곤란한 표정을 지으며 손가락으로 탁자를 '톡톡' 두드렸습니다. 예상하지 못했던 해나의 반응에 선아는 당황스러웠고, 당연히 선아의 제안을 흔쾌히 받아들일 거라 기대했었습니다.

"선아야, 실은 유치환네 팀 애들한테 이미 부탁을 받았어."

"유치환네? 걔네가 자기네랑 경시대회 같이 나가재?"

선아의 목소리는 자기도 모르게 높아졌습니다. 그러자 해나는 손짓으로 선아를 진정시켰습니다.

"워워~~ 걔네 쪽으로 간다고 결정을 내린 건 아니야. 그냥 생각해 보겠다고만 했지. 유치환네 주제가 워낙 흥미로워서 해보고 싶긴 했거든."

"그… 주제가 뭔데?"

선아의 목소리가 조금 떨렸습니다. 비행기보다 멋진 아이디어면 어떡하나 하는 염려까지 생겼어요.

"게네는 경주용 자동차, 그러니까 RC카를 준비할 거래. 거기에 멋지게 치우천왕 그림을 그려 달라는 거야. 아무리 유치환이 유치해도 그 그림만큼은 내가 정말 그려보고 싶은 거라서… 너도 알잖아. 울 아빠 옛날에 '붉은 악마' 팬클럽 출신이라 우리 식구들 다 치우천왕 좋아하는 거."

해나는 우물거리던 슈퍼 장사 소시지를 반이나 남긴 채 한숨을 쉬었습니다. 이미 마음이 많이 흔들리고 있다는 게 느껴졌지요. 하지만 이대로 해나같이 훌륭한 디자이너를 놓칠 수는 없었습니다.

선아는 유치환네에서 도저히 흉내 내지 못할 아이디어를 꺼내 들기로 결심했습니다.

"해나야, 네가 가고 싶다면 유치환네 조에서 경시대회를 나가도 상관없어. 그건 네 마음이니까. 하지만 만약 네가 우리 조로 와 준다면, 나는 모든 걸 너에게 맡길 거야."

"모든 걸? 모든 거라면……."

해나가 눈을 반짝이며 물었습니다. 선아는 이때를 놓치지 않고 말했습니다.

"비행기 디자인부터 색상, 거기 그려 넣을 그림까지 모두 네가 결정해. 난 네 실력을 믿으니까."

"정말로?"

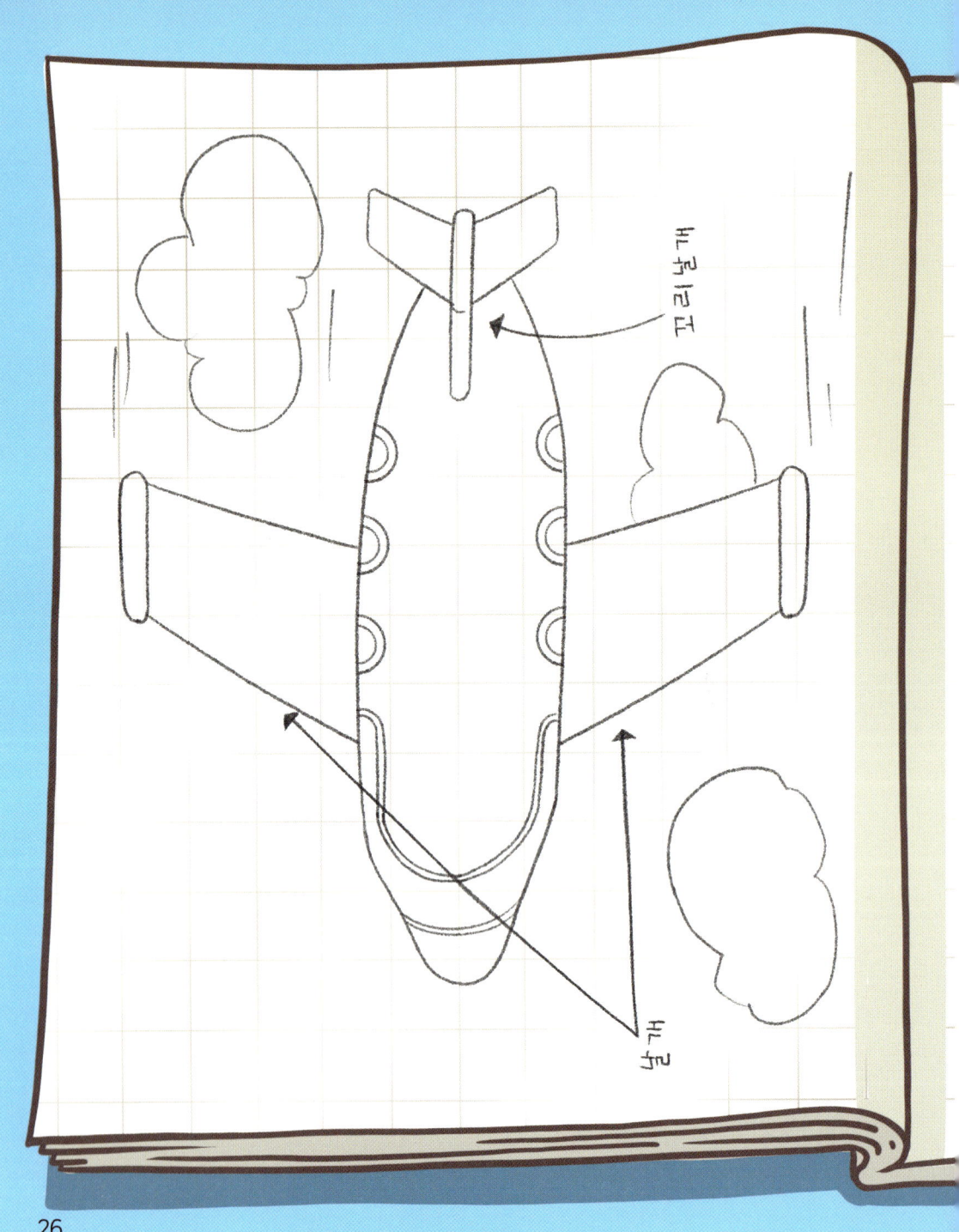

해나는 무척 놀란 모양이었습니다. 자기도 모르게 침까지 꼴깍 삼켰어요. 함께 미술 학원에 다닐 때 다른 애들보다 자기 개성이 확실한 그림을 그리길 좋아했던 해나를 선아는 똑똑히 기억하고 있었기에 왠지 좋은 예감이 들었습니다.

"그러면! 자, 앞으로 잘 부탁해."

해나가 선아에게 악수를 청했습니다. 선아는 그 뜻을 알고 활짝 웃으며 손을 잡았습니다.

이것으로서 과학 경시대회의 디자이너를 섭외하는 일이 성공적으로 끝났지요. 하지만 진짜로 골치 아픈 일이 이제부터라는 걸 선아는 이때까지 전혀 알지 못했습니다.

3. 짜장 떡볶이 그리고 구름마블

 현미로는 사실 왕따 같은 애였습니다. 그 아이와는 다들 어울리길 꺼렸지요. 우선 현미로는 너무 말이 없었습니다.
 애들이 다가가도 본체만체, 무슨 얘길 시키면 아주 짧고 간결하게 대답할 뿐 농담을 하거나 친절히 웃어주는 법이 없었습니다. 다만, 과학 천재라는 소문은 자자했습니다. 더 정확히는 현우가 말한 대로 '관찰 괴물'이라는 별명이 있었어요.
 동식물은 물론이고, 주변의 사물들도 흥미롭게 꼼꼼히 관찰해서 자기만의 기록장에 적어두곤 하는 습관을 지녔답니다. 그래서 기계의 부품에 대해서도 훤하고 조립과 작동 원리도 잘 아는 친구였지요.

과학 경시대회에 매우 잘 어울리는 아이이긴 했지만, 선아는 과연 현미로와 친구가 될 수 있을지 확신이 서지 않았습니다. 워낙 '괴짜' 같은 데다 왕따 기질도 있어서 대하기가 어려울 게 분명했으니까요.

"의외로 쉽게 친해질 수도 있어. 걔가 엄청 좋아하는 걸 내가 알아."

선아의 고민을 들은 현우가 말했습니다. 선아는 그게 뭔지 어서 말하라고 재촉했습니다.

"아이쿠, 성질 급한 선아 장군. 알았어 알았어. 말해 줄게. 그건 바로."

"그건 바로? 뭔데?"

"짜장 떡볶이야."

"뭐, 뭣? 짜장… 떡볶이……?"

선아는 자기가 제대로 들은 것인지 귀를 의심했습니다. 괴짜라면 당연히 '장수하늘소'나 '신형 로봇' 아니면 무시무시한 식물인 '파리지옥' 같은 걸 제일 좋아할 거라 짐작했거든요.

"내가 미로를 거기서 우연히 몇 번 봤거든. 저기 연못 공원에 가면 RC카 조종하기 좋은 비밀 장소가 있거든. 거기에 짜장 떡볶이 트럭이 있어. 거기서 혼자 엄청 행복해하며 사 먹더라고."

현우가 히죽대며 말했습니다. 생각지도 못한 정보였지만, 선아는 과연 이 정보로 미로라는 아이와 친해질 수 있을지 망설여졌습니다. 갑자기 짜장 떡볶이 먹으러 가자고 했다간 괜히 전교에 '최선아-현미로 사귄다!'라는 이상한 소문만 퍼질 수도 있으니까요. 선아는 곰곰이 생각에 잠겼습니다. 그러다 문득 아빠를 생각해 냈습니다.

'그래! 아빠는 짜장라면 요리 고수니까 이것도 가능할 거야.'

선아는 토요일에 해나와 현우를 집으로 초대했습니다. 그리고 넌지시 현우에게 미로를 어떻게든 데려오라고 압력을 넣었지요.

처음에 현우는 깨나 고민하는 것 같더니 이내 방법을 찾아냈는지 '그래! 알아서 해볼게!' 하는 마지막 톡을 남겼습니다. 그리고 토요일 아침이 되자 선아는 과연 모든 일이 뜻대로 될지 좀 불안해지기 시작했습니다.

'아빠가 짜장 떡볶이를 해주신다고 저렇게 장을 다 봐오셨는데, 현미로가 안 오면 어떡하지. 이제 와서 다른 애를 찾기에는 시간이 부족한데……'

그때였습니다. 현관에서 벨이 울렸어요. 선아는 부리나케 인터폰을 들여다봤습니다. 그리고 아파트 현관의 모니터에 나타난 모습을 보자마자 자기도 모르게 환호를 질렀어요.

"예스! 성공이다!"

"뭐가 그렇게 성공적이니, 선아야?"

떡볶이 재료를 손질하다 말고 아빠가 인터폰으로 고개를 쑥 내밀었습니다. 선아는 배시시 웃으며 현관 열림 버튼을 눌렀습니다.

"우와! 아저씨 이게 정말 아저씨가 다 만드신 거예요?"

"사실, 김밥은 선아 엄마가 싸 놓고 가신 거란다."

현우는 아빠가 차려놓은 음식들에서 눈을 떼지 못했습니다. 아빠는 선아가 부탁한 짜장 떡볶이 말고도 튀긴 만두와 과일 샐러드, 엄마가 싸 놓은 김밥까지 푸짐하게 차려놓으셨거든요. 해나 역시 현우처럼 음식들을 보고 눈이 동그래졌으면서도 예의 바르게 인사하는 걸 잊지 않았습니다.

"아저씨, 요리해주셔서 고맙습니다. 잘 먹겠습니다!"

"아저씨, 저도, 저도요! 잘 먹겠습니다!"

그리고 여기 또 한 사람. 선아를 배시시 웃게 했던 친구도 모기만 한 목소리로 인사를 했지요.

"감사히 잘 먹겠습니다."

비록 목소리는 작았지만, 미로의 눈도 짜장 떡볶이 위에 고정된 채 반짝이고 있었습니다.

식사가 끝나고 해나와 현우, 미로는 선아의 방에 둘러앉았습니다.

"현미로, 너랑 아직 친구는 아니지만 나는 이 일을 네가 맡아줬으면 좋겠어."

선아는 말하고 싶은 걸 돌려 말하지 못하는 성격이라 미로에게 바로 용건을 이야기했어요. 그러자 미로는 몇 초간 침묵을 지키며 안경테만 만지작대다가 겨우 말을 꺼냈습니다.

"그런데… 현우가 여기 오면 구름마블을 할 수 있다고 해서 따라온 건데……."

현우가 이마를 '탁' 치며 말했습니다.

"아아, 맞다. 선아야 내가 얘기한다는 걸 깜빡했네."

따라온 이유는 미로가 여기까지 오는 걸 많이 망설였지만 결국 선아네 집에 구하기 힘든 게임인 '구름마블'이 있다는 얘기에 마음이 움직였다는 거예요. 물론 나중에 들은 얘기지만 짜장 떡볶이도 결정적인 유혹이었대요.

'구름마블'은 우주 천재라고 불리는 천이안 박사가 설립한 '우주와 하늘 연구소'에서 어린이들을 위해 만든 게임이에요. 그런데 이 게임은 판매를 위해서가 아니라 우주와 하늘에 대한 어린이들의 호기심을 풀고 공부를 돕기 위해 딱 5,000개만 생산되었어요. 그리고 '우주와 하늘에 대한 어린이 아이디어' 공모전에서 뽑힌 어린이들에게 상품으로 나누어 주었습니다.

그중 하나가 바로 선아거였습니다. 그리고 선아가 지금 도전하려는 과학 경시대회의 비행기 스케치가 바로 그 공모전에 출품했던 아이디어였지요.

선아에게 '구름마블' 게임은 인생의 첫 인형보다도 소중한 보물목록 1호였답니다. 그래서 고이고이 보관하느라 제대로 꺼내서 놀아본 적도 딱 한 번밖에 없었어요.

지금 그런 보물을 현미로가 펼쳐놓고 함께 해보자고 하는 것입니다. 선아에게는 큰 충격이었고, 많이 고민할 수밖에 없었어요.

'어떡하지? 지금 구름마블을 내놓지 않으면 현미로를 놓치게 될 게 뻔한데. 하지만 내 소중한 구름마블을…….'

선아의 이마에 주름이 잡히며 깊이 고민하는 모습을 친구들은 마음 졸이며 지켜보았습니다. 현우는 자기가 큰 실수를 했다고 속으로 스스로 머리를 쥐어박았어요. 아마도 절대 선아가 구름마블을 꺼낼 일은 없을 거란 생각에 미로를 데리고 일어나기로 했습니다.

그 순간 선아가 먼저 벌떡 일어나는 게 아니겠어요? 그러곤 성큼성큼 옷장으로 다가가 벌컥 문을 열었습니다. 가장 아래 있는 서랍을 열더니 손을 깊숙이 집어넣어 커다란 상자를 꺼냈어요. 그것을 가지고 다시 친구들에게 돌아와 크게 심호흡을 한 번 했습니다. 선아는 마침내 상자를 친구들 가운데에 내려놓았지요.

'우주와 하늘 연구소가 그려본 구름마블'

"자, 내 가장 소중한 보물이야. 나도 딱 한 번 해 본 게 전부야. 그러니까, 이거 다 하고 나면 현미로 너는 내 부탁을 꼭 들어줘야 해."

선아는 어떤 때보다 진지한 눈빛으로 말했습니다. 미로는 조금 움찔하며 안경을 만지작거렸습니다. 선아는 드디어 두 번째로 구름마블의 뚜껑을 열었습니다. 친구들은 마블 판으로 자석처럼 이끌려 게임 요령을 읽는 데 열중했지요.

아빠는 간식을 가져다주려고 문을 열다가 잠시 멈추었습니다. 네

명이 게임판에 옹기종기 붙어있는 모습을 보자, 문득 어린 시절 친구와 비행기 조종하는 모습을 그리던 때가 생각나 저절로 미소가 지어졌답니다.

4. 안테나 별명을 가진 아이

"최선아, 나 너희 팀에 들어갈게."

미로는 월요일이 되자 선아네 반으로 찾아가 말했습니다. 주말 내내 카톡에 대답이 없어서 선아의 맘을 졸이게 하더니 이렇게 반가운 소식을 들고 온 것입니다. 선아의 얼굴이 웃음으로 환해졌습니다.

"미로야, 정말 고마워. 우리 진짜 재밌을 거야. 잘해 보자!"

"그… 그런데……. 조건이 있어."

"조건? 조건이……. 뭔데?"

선아가 묻자 미로는 우물쭈물했습니다. 그때였어요. 선아와 미로 옆에 대뜸 유치환이 나타난 게 아니겠어요?

"으아~~보기 좋다! 너희 사귀냐? 엄~청 잘 어울린다! 애들아, 여기 좀 봐. 환상의 커플이 탄생했어!"

치환이는 교실 안팎의 모두가 들리게끔 고래고래 떠들어댔습니다. 그러자 아이들이 재빠르게 몰려들었고, 미로는 어쩔 줄 몰라 했습니다. 선아는 치환이의 유치한 놀림도 짜증이 났지만, 그보다 점점 얼굴이 벌겋게 달아오르는 미로가 걱정이었습니다. 다행히 이 소동은 학급회장인 윤지가 나서서 진정이 되었습니다.

"야! 유치환! 여기 현미로가 들고 온 스케치 안 보여? 얘네 딱 봐도 과학 경시 회의하는 거잖아. 이름처럼 유치한 짓 그만하고 자리로 돌아가. 구경하러 온 애들도 모두 자기 반으로 얼른 가!"

윤지는 평소에도 늘 그렇듯 소란스러운 아이들을 깔끔히 정리하고 선아에게 괜찮은지 물었습니다.

"선아야, 너무 신경 쓰지 마. 저 유치환 철없는 거 너도 알잖아."

"응, 윤지야 정말 고마워. 아, 그리고 미로야, 미안하다. 괜히 이런 일 겪게 해서."

선아는 아까부터 신경 쓰였던 미로를 먼저 다독였습니다. 미로의 얼굴도 이제는 진정이 되어서 제 빛깔을 찾았지만 어딘지 모르게 불안해 보였습니다.

"저기… 최선아……. 내가 오히려 미안하게 되었어."

미로는 더듬더듬 영문 모를 소릴 꺼냈습니다. 선아는 그게 무슨 말인지 설명해달라고 했습니다. 그러자 미로가 거의 울 것 같은 얼굴로 대답했지요.

"아까 애들 막 몰려들었을 때……. 누군가가 폰으로 이 스케치를 찍어간 것 같아."

"엉? 그게 정말이야?"

그 순간 선아는 입술이 바싹 마르는 것 같았습니다. 왠지 저 유치환이 파놓은 꼼수에 걸려든 기분이었지요. 옆에서 듣던 윤지도 뭔가 생각났는지 한 마디를 보탰습니다.

"그래, 나도 아까 안태하를 본 것 같아. 유치환이 4반의 안태하랑 이번 대회 같이 나간다 그랬어. 걔 지난번에 선아 너한테 수학 올림피아드에서도 3점 차이로 졌잖아. 아마 너한테 계속 감정이 안 좋았는데, 유치환이 그걸 알고 더 꼬신 거 같아."

서윤이의 말에 따르면 아마도 최신폰을 갖고 있는 태하가 몰래 스케치를 찍은 것 같았습니다.

"안태하… 그 안테나 말이지? 모든 정보에 밝은 애……."

선아도 태하를 기억해 냈습니다. 안테나라는 별명이 어울리는 안태하는 슈퍼컴퓨터만큼 많은 정보를 갖춘 아이였습니다. 빅데이터 관련 수업도 따로 받으러 다닌다고 들었는데, 지난 학기 수학 올림피아드에서 선아가 1등, 태하가 2등을 기록했지요. 하지만 선아는 그런 일로 태하의 마음이 상해 있는 줄은 몰랐습니다.

"게다가 아마 네가 디자인에 강한 해나랑 뭐든지 잘 구해오는 현우를 미리 섭외한 것에 굉장히 약올랐나 봐. 게다가 이제는 관찰 괴물인 현미로까지……."

서윤이는 미로를 돌아보며 말했습니다. 늘 하던 버릇대로 미로는 안경을 한 번 치켜 올리고 펼쳐놨던 스케치를 다시 접었습니다. 그리고 선아를 크게 놀라게 한 한 마디를 남기고 자기 반으로 돌아갔지요.

"그런 건 다 상관없어. 스케치가 새어나간 건 약점이 되겠지만, 아마 게네들은 그 기본 스케치만 보고 안심하느라 우리가 앞으로 더 해낼 것들을 예상하기는 힘들 테니까."

5. '비우세' 모임 첫날

 우여곡절 끝에 '비우세' 모임 첫날을 맞이했습니다. '비행기를 만드는 우리들만의 세상'을 줄인 말이자 이 모임의 이름이었습니다. 늘 번뜩이는 아이디어와 재치를 자랑하는 현우의 센스였지요.
 선아는 모두 모여 이야기를 나누기 편한 편의점으로 장소를 정했습니다. 물론 해나가 좋아하는 단풍사거리의 '지유 편의점'으로요.
 '일부러 일찍 왔으니까, 애들이 좋아할 만한 걸 좀 사놓을까.'
 선아는 비우세 친구들에게 고맙다는 인사도 할 겸 간식을 사러 들어갔습니다. 그런데 가장 먼저 온 사람은 선아가 아니었어요. 삼각

김밥과 소시지가 진열된 코너 앞에 미로가 서 있는 게 보였습니다. 선아는 살금살금 다가가 미로가 뭘 고르는지 지켜보았습니다.

전주비빔, 삼각김밥 2개, 참치마요 삼각김밥 2개, 백두장사 소시지 4개…….

'나랑 취향이 비슷하잖아?'

선아는 갑자기 장난기가 발동했습니다. 살금살금 현미로 뒤로 다가가 손가락으로 목덜미를 푹 찔렀지요. 미로는 움찔하며 들고 있던 비닐봉지를 꽉 움켜쥐었습니다. 그 모습이 먹이를 지키려는 다람쥐 같아서 선아는 웃음을 터뜨리고 말았어요.

"와하하, 미로 너 엄청 잘 놀라는구나."

"아……. 깜짝이야. 선아 너였구나."

미로는 그제야 겸연쩍게 웃었습니다. 두 친구는 조금 늦어진다는 나머지 친구들의 카톡을 받고 먼저 이야기를 하고 있기로 했습니다.

"근데 미로 너 우리 반 왔을 때 얘기한 건 뭐였어? '그것 말고 우리가 앞으로 할 일들' 말이야. 유치환네를 놀라게 할 일?"

"안 그래도 그 얘길 하려고 했어. 이게 좀 복불복이라."

미로는 가방에서 태블릿을 꺼내놓았습니다. 전원을 켜고 파일 하나를 열자 거기엔 어디선가 본 적 있는 물체가 나타났습니다. 선아는 대번에 그게 영화 '황금나침반'에서 보았던 비행선이라는 걸 알았어요.

미로는 마우스 대신 태블릿 팬을 이리저리 움직이며 말했습니다.

"이게 비행선인 건 너도 알 거야. 사실은 비행기처럼 고무 동력으로 움직이지는 않아."

"그러게 말이야. 영화에서 봤어. 이건 무슨 불을 연소시켜서 움직이던데?"

"맞아. 옛날엔 그랬어. 그런데 지금은 드론 기술로도 만들 수 있대."

"아! 그럴 수 있겠구나. 비행기 틀을 비행선으로 바꿔주기만 하면 되니까."

선아는 자기도 모르게 테이블을 손으로 '탁' 쳤습니다. 어쩌면 이 아이디어가 오히려 눈에 띄고 화려한 디자인을 돋보이게 하기엔 더 제격이라는 생각이 들었습니다. 그런데 선아의 생각과 달리 미로의 뜻은 다른 데 있었지요.

"비행기는 그냥 생긴 것만 멋진 게 아니라 하는 일도 멋져야 하는 거잖아. 그니까 뭔가 보람 있는 일을 할 수 있는 비행기를 만들면 좋을 것 같아. 이렇게 말이야……."

미로의 태블릿 팬이 확대한 건 비행선에 매달려 있는 작은 바구니였습니다. 더 정확히 말하면 바구니 속에 든 '물건'이었지요. 선아가 자세히 들여다보니 약국에서 주는 약봉지였습니다.
 미로는 태블릿 팬으로 약봉지에 동그라미를 여러 번 그리며 강조했어요.
 "움직이기 불편한 노인들이 혼자 살면서 약 같은 걸 타러 가기가 힘들잖아. 그런 분들에게 도움이 될 거 같아. 또 다른 사람한테도 도움을 줄 수 있고……."

"와… 어떻게……."

미로의 약봉지를 보며 선아는 말을 이을 수가 없었습니다. 무언가가 가슴팍에 불기운이 무겁게 번져가는 느낌이 들었습니다. 그게 뭔지는 잘 모르겠지만 기분이 좋기도 하고, 먹먹하기도 했지요. 그리고 한편으로는 조금 부끄럽기도 했습니다.

비행선으로 화려한 모습만 자랑하려 했던 자기에 비해 미로의 생각이 무척 어른스러웠기 때문이에요. 그때, 편의점 유리문의 종소리가 울리며 현우와 해나가 들어왔습니다. 두 친구 모두 숨이 잔뜩 차서 헐떡거렸어요.

"아오… 난 싫다는데… 헉… 현우가 자꾸 늦는다고 뛰재서… 헉헉……."

"난 뛰는 게 그렇게 좋더라. 헉헉……."

숨을 고르느라 교대로 헉헉 소리를 내는 두 친구를 보자 선아의 뇌리를 번뜩 스치는 것이 있었습니다. 선아는 재빨리 미로의 태블릿 팬을 빼앗아 비행선 그림 옆에 적어 넣었습니다.

'가! 숨벅찬 비행선.'

"어때? 미로야."

"앗……. 어떻게 이런 이름을… 엄청 멋진데?"

"뭐야, 뭐야 왜 둘이서만 알고 있어. 이게 뭔데?"

궁금 왕 현우가 참지 못하고 태블릿 가까이 얼굴을 들이밀었습니다. 해나는 안 보인다며 현우를 옆으로 밀치려 애를 썼지요. 미로와 선아는 서로 마주 보며 빙그레 웃었습니다.

선아는 처음으로 현미로와 왠지 '팀'보다 조금 더 가까운 사이가 될 수 있다는 느낌이 들었습니다. 어쩌면 그건 친구라는 사이일지도 모르겠습니다.

6. 앞으로 경시대회까지 두 달.

 이제 경시대회까지 딱 두 달이 남았습니다. 오늘 날짜를 교실 달력에서 확인하고 선아는 입을 굳게 앙다물고 계획을 세웠습니다.
 선아네 팀, 그러니까 '비우세'팀은 미로가 내놓은 아이디어를 기본으로 비행기를 만들기로 했습니다. 제트기처럼 멋지고 날쌘 느낌도 좋고, 여행 갈 때 타는 커다란 우리나라 비행기들도 멋있지만, 미로가 얘기했던 '도움'의 역할이 계속 선아 맘에 맴돌았기 때문입니다.
 물론 다른 친구들도 미로의 비행선 아이디어에 적극 찬성이었습니다. 그런데 한 가지 큰 문제가 있었어요. 그건 바로 '드론'을 만드는 일이었습니다.

"내가 드론의 기본을 배우긴 했는데, 이제 막 강의 듣기 시작한 지 두 달이 안 되어서 많이는 몰라."

미로가 자신감이 뚝 떨어진 말투로 털어놓았습니다. 칠판에 낙서하던 해나와 현우는 미로의 말에 분필을 멈추었습니다. 두 친구는 꽤 놀란 눈치였지요. 당황스럽기는 선아도 마찬가지였습니다.

드론을 만들 능력이 없는데 무작정 드론 비행선 스케치부터 보여 준 미로를 이해하기 힘들었습니다. 하지만 이미 그만두기엔 모든 친구들의 마음이 드론 비행선에 완전히 쏠려버린 상태였지요. 선아는 이 일을 어떻게 할까? 턱을 괴고 생각에 빠졌습니다. 그러다 갑자기 현우가 손뼉을 짝! 쳤어요.

"우리 그 형한테 물어볼까? 지금 6학년 천재영 형 말이야. 국제중학교 입학할 거라던데."

"아, 옆 동 사는 오빠지? 맞아. 진짜 똑똑한데."

현우는 역시 아이디어 창고였습니다. 천재영 오빠는 동네에서 천재로 소문난 6학년 선배입니다. 수학 올림피아드의 수상을 휩쓰는 건 물론이고, 과학 창의력 경진대회, 전국 초등학생 퀴즈 대회 등에서도 우승을 한 학교의 자랑이었지요. 이미 소셜미디어에서는 오빠의 팔로워들이 만 명 이상 팬클럽처럼 활동하고 있었어요.

선아는 그런 천재영 오빠와 함께 과학 경진대회 준비 학원에 다닌 적이 있었습니다. 비록 선아는 두 학년 어려서 대회 참가자는 아니었지만, 오빠가 참 친절하게 선아를 대해줬던 기억이 있습니다.

선아는 얼른 휴대폰에서 오랫동안 열지 않았던 채팅창을 찾아내 메시지를 보냈어요.

> '재영 오빠 안녕, 나 선아야. 과학 학원…. 기억하지?'

보내면서도 혹시나 읽지 않는 건 아닐까 내심 긴장했습니다. 하지만 숫자 1이 지워지며 금세 새 메시지가 나타났어요.

> 선아야 안녕, 그럼 당연히 기억하지!

'아, 다행이다!'
선아는 그제야 맘을 놓고 다시 메시지를 두드렸습니다.

> 오빠 사실은 나 이번에 과학 경시대회에 나가게 되었는데…….

선아는 드론 비행선을 만들 계획과 현재 '비우세'가 고민 중인 문제들을 얘기했습니다. 다행히 천재영 오빠는 학원에 다닐 때처럼 친절하고 진지하게 문제를 들어주었습니다. 선아는 오빠가 무언가 아주 뚜렷하고 시원한 해결책을 말해줄 거라 믿어 의심치 않았지요.

> 그럼 드론 설계를 맡았다는
> 그 미로라는 친구랑 함께 만나서 얘기할까?

> 앗, 정말 그래 줄 수 있어?
> 국제중 준비로 시간 없는 거 아냐?ㅜㅜ

> 에이. 그 정도 시간은 충분히 낼 수 있어. 언제가 좋아?

약속 시간을 정하고 선아의 마음은 배불리 먹은 것처럼 빵빵하게 부풀어 올랐습니다. 이제 오빠한테 지도만 받으면 미로와 함께 완벽한 비행선을 설계할 수 있을 테니까요.

선아는 재빨리 미로에게 이 기쁜 소식을 재잘재잘 이야기해 주었습니다. 하지만 선아는 미처 알지 못했어요. 못 이기는 척 웃어주는 미로의 얼굴에 실은 아주 조금 쓸쓸한 기색이 섞여 있었다는 사실을요.

7. RC카의 등장

 아침에 교실 문을 열자마자 선아는 꼴불견과 맞닥뜨렸습니다. 가장 꼴 보기 싫은 유치환이 아이들을 모아 놓고 거들먹거리고 있었거든요. 손바닥에는 작은 경주용 자동차를 올려놓은 채 교실에 들어온 선아를 발견하자 더 큰 소리로 떠들기 시작했습니다.
 "이 치우천왕 카는 F1 국제 대회에 나갔던 귀한 몸이란 말이지! 에헴!"
 선아는 유치환의 차를 보고 움찔할 수밖에 없었습니다. 너무나 멋있었거든요.

2002 월드컵 붉은 악마의 상징이자 우리 민족의 고대 신화에 등장하는 '치우천왕' 문양을 차 전체에 두루마기처럼 힘차게 휘감은 RC카는 지금까지 선아가 본 어떤 차들보다 근사했습니다. 저절로 침이 꿀꺽 넘어가는 걸 간신히 참는데, 그만 기름을 붓고 만 사람이 있었습니다.

"어딘가에서는 특징도 개성도 없는 뭐 비행선인가를 만든다지? 유행도 한참 지난 게 주목을 받으려나 몰라아~ 아우 지루해. 비행선이 얼마나 느려 터졌는지 다들 알지? 그런 건 박물관에나 있는 줄 알았는데 말이야!"

줄곧 으스대는 유치환 옆을 지키고만 있던 안태하가 선아를 향해 큰 소리로 빈정거렸고 아이들은 '박물관'이라는 말에 웃음이 빵 터지고 말았습니다. 그러자 선아의 주먹은 저절로 쥐어지며 부들부들 떨렸고, 얼굴은 그만 빨갛게 달아오르고 말았지요.

무언가 말을 해야만 하는데, 우리도 엄청난 프로젝트를 준비 중이라는 걸 증명해야 하는데, 당장이라도 저 이죽대는

안태하의 코를 납작하게 만들어 주고 싶었습니다. 그런데, 그때 뒤에서 선아의 주먹 쥔 손을 살며시 잡는 손길이 느껴졌습니다.

'비우세'의 공식 디자이너인 해나였지요. 해나는 안태하 쪽 애들은 무시하라며 눈을 찡긋거렸습니다. 그러더니 선아를 슬그머니 교실 밖으로 데려 나와 자신의 연습장을 펼쳐 보였어요.

"자, 이 정도면 치우천왕이랑 대결해 볼 만하지?"

해나가 자신 있는 말투로 그림을 내밀었습니다. 그 그림을 보는 순간, 불과 몇 분 전까지 안태하 때문에 잔뜩 올라있던 열이 싹 내려가는 기분이었습니다. 오히려 어디선가 시원하고 상쾌한 바람이 불어오는 것 같았지요. 선아는 해나의 스케치북을 거울처럼 마주 보며 '비우세'를 만들길 잘했다는 생각이 처음으로 들었습니다.

해나의 그림은 물론 비행선이었어요. 비행선 전체는 푸른색과 흰

색으로 뒤덮여 있었습니다. 아주 짙은 파란색부터 굉장히 옅고 발랄한 하늘색까지 여러 채도로 나뉜 푸른색들이 하얀색과 조화를 이루었지요.

그 색들이 만드는 모양은 커다란 불사조를 닮은 새였습니다. 푸른 머리 깃털부터 긴 꼬리까지 이어지는 그림이 비행선 전체에 이어지며 마치 하늘과 구름 사이를 가로지르는 새를 떠올리게 했습니다.

선아는 시원하면서도 왠지 평화로워 보이는 그림이 무척 마음에 들었습니다. 선아의 얼굴을 살핀 해나가 비로소 미소를 지으며 설명을 보탰어요.

"우리는 비우세, 얘는 비우새. 어때?"

"오! 너무 기발하다!"

선아는 해나의 아이디어에 크게 놀라고 말았지요. 이렇게까지 단번에 큰일을 해낸 디자이너 덕분에 왠지 앞으로의 일들에도 속도가 붙을 것 같은 희망이 생겼습니다.

선아는 오늘 학교를 마치고 갖기로 한 미로와 재영 오빠와의 만남에서 아마도 그 속도가 결정적으로 빨라질 거라 확신했지요.

8. 최고 영재와의 만남

 드디어 우리 초등학교가 자랑하는 최고의 영재인 천재영 오빠와 비우세 멤버들의 만남이 성사되었습니다. 늘 그렇듯이, 모임은 지유 편의점에서 각자 먹고 싶은 것들을 골라 펼쳐놓은 채 열렸습니다.
 해나와 미로는 천재영 오빠에 대한 소문은 들었지만 실제로 만난 건 처음이라 조금 긴장한 것 같았습니다. 하지만 선아가 학원에서 보았던 오빠는 그저 평범하고 성실한 선배 학생이었어요. 그리고 오늘도 재영 오빠는 선아와 친구들에게 먼저 자연스레 인사를 건넸습니다.

"네가 미로구나. 반가워. 지난번 교지에 발표한 과학 감상문 되게 잘 썼더라. 우주의 운행과 달에 대한 내용이었지?"

"으… 으응. 형. 맞아. 별거 아닌데……."

미로는 예상치 못한 칭찬에 당황한 듯 얼굴이 붉어졌습니다. 그러면서도 얼굴에는 긴장이 사라지고 배시시 웃음이 떠올랐지요.

선아는 그 모습을 보니 왠지 뿌듯해졌습니다. 그러자 해나가 조금 뾰로통한 목소리로 끼어들었어요.

"그 교지에 내가 그린 그림도 나왔었는데……."

"아아, 미안해. 내가 워낙 그림에는 무식해서… 오늘 한 수 가르쳐주세요. 디자이너 쌤."

재영 오빠가 해나에게 조금 굽실대는 시늉을 해 보이며 말했습니다. 해나는 거만한 체하며 고개를 끄덕였고, 그 모습에 다들 킥킥대며 웃었어요.

대단한 명성과 달리 편하게 대해주는 오빠 덕분에 비우세 친구들은 점차 오빠와 자연스럽게 이야기를 나누게 되었습니다. 특히 설계 담당인 미로가 드론에 대해 이것저것 물어보았습니다. 평소 우주 과학과 비행기에 관심이 많던 재영 오빠와는 얘기가 아주 잘 통하는 모양입니다.

둘이 얘기에 열중하는 사이에 선아는 비우세 톡방을 확인했습니

다. 며칠 전부터 찜찜한 것이 있었거든요. 그런데 오늘도 상황이 비슷했습니다. 자기도 모르게 마른 입술을 달싹대는 선아에게 해나가 조용히 물었어요.

"현우…. 오늘도 톡을 안 읽지?"

"… 응. 전화해서 물어보면 자꾸 그냥 학원 때문에 바빠서 그런다고만 하는데……."

며칠째 현우는 비우세 모임에 나오지 않고 있었습니다. 톡도 대충 읽고 건성으로 대답하는 것 같았지요. 선아는 현우가 자꾸 학원 때문이라고 둘러대는 게 거짓말이라고 직감했습니다. 그래서 오늘만큼은 반드시 현우가 왜 이러는지 알아내야겠다는 결심을 굳혔지요. 그때 미로가 큰 소리로 감탄을 내질렀어요.

"선아야! 내가 어렵게 생각했던 게 해결됐어. 이리 좀 와 봐!"

선아는 미로의 외침에 단숨에 생각에서 빠져나왔습니다. 그만큼 미로의 모습은 낯설었어요. 아주 소심하고 내성적이어서 조용조용 말하던 현미로는 온데간데없고 뭔가에 크게 기뻐서 탄성을 지르는 새로운 미로를 보았기 때문입니다. 옆에서 싱글벙글 웃는 재영 오빠의 얼굴을 보니 뭔가 뾰족한 수를 찾아낸 것만은 분명해 보였습니다.

선아는 해나와 함께 미로가 가리키는 설계도로 모여들었어요. 그리고 놀랍게도, 정말 쉬운 아이디어로 드론 비행선의 문제를 해결할 수 있다는 사실을 깨달았어요. 선아는 드론 조종의 명수인 현우에게 어서 이 사실을 알려야겠다고 생각했습니다.

9. 갈등의 시작

현우네 집으로 가는 길에 미로와 함께 걷게 되었습니다. 선아는 자기도 모르게 그동안 현우에 대해 해 온 고민을 털어놓았어요. 미로가 워낙 조용하고 침착한 친구라 큰 대답을 기대한 건 아니었습니다. 하지만 선아의 예상과 달리 미로는 아주 중요한 얘기를 해 주었습니다.

"난 사실 재영이 형을 만나자고 했을 때 조금 기분이 상했었어."
"정말? 왜? 어떤 이유로?"
선아는 미로가 의외의 고백을 해서 깜짝 놀랐습니다.

"드론의 수준 때문에 고민한 건 맞지만, 그래도 재영이 형한테 연락하기 전에 내 의견 먼저 물어봐 줬어야 한다고 생각해. 어쨌든 드론의 설계를 맡은 사람은 나니까. 물론 그렇다고 재영이 형이 오는 걸 반대하지는 않았겠지만 말이야."

미로는 싱긋 웃으며 말했습니다. 그제야 선아는 이해할 것 같았습니다. 팀의 문제를 해결하기 위해 발 빠르게 움직이는 것도 중요하지만 친구들의 역할을 존중하는 것이 먼저라는 걸요.

미로는 다소 심각한 말투로 얘기를 이어갔습니다.

"이건 내 생각이지만, 솔직히 말해서 우리들 중에 현우의 역할이 좀 애매해. 모든 일들이 잘 되는 데는 현우의 힘이 분명히 느껴지는데도, 역할이 잘 안 보인다고 해야 하나……."

"정말? 나는 현우가 일들을 엄청 매끄럽게 이어주고 있다고 생각했는데. 재영 오빠를 만나자고 먼저 아이디어를 낸 것도 현우고……."

"그러니까 그게 어쩌면 현우를 더 허전하게 만들었을지도 몰라. 번뜩이는 아이디어를 내서 팀에 자극을 주긴 하지만, 그건 게임에서 깍두기 같은 일 정도라고 여겨질지도. 연예인들에게는 일정 관리자 즉 매니저가 있듯이."

미로가 조심스럽게 덧붙였습니다. 선아에겐 미로가 하는 이야기들이 너무 혼란스러웠습니다. 이제까지 현우의 역할이 아주 뚜렷하다고 생각했고, 또 그 녀석이 항상 밝고 장난스러워서 아무 문제가 없다고 생각했거든요.

"매니저라니……. 우리가 가는 길에 동력만 보탠다는 뜻처럼 들려."

선아가 시무룩하게 말했습니다.

"우린 아니라고 말해도 실제로 현우는 그렇게 느낄 수 있어."

미로는 여전히 조심스러운 말투였지만, 차분히 자기 의견을 지켰습니다. 아마도 미로가 갖는 힘은 이런가 하고 선아는 어렴풋이 느꼈습니다.

선아는 더는 현우를 이대로 내버려 둘 수 없었습니다. 무언가 알아내서 싸우든 해결을 하든 결론을 지어야겠다는 마음이 굳어졌습니다.

이건 비단 비우새의 일 때문만이 아니라, 동네 친구이자 죽마고우로 살아온 시간을 헛되이 하지 않아야 한다는 믿음에 대한 문제이기도 합니다. 여기까지 생각이 다다르자 선아의 머리가 뜨거워졌습니다. 화가 나는 것 같기도 하고, 골치가 아픈 것 같기도 했지요.

아파트에 들어서자마자 선아는 엘리베이터 버튼을 거세게 눌렀습니다. 그걸 뒤에서 지켜보는 미로의 마음은 불안하기만 했답니다.

3… 4… 5……. 땡!

이윽고 엘리베이터가 현우가 사는 5층에 멈추었습니다. 선아의 손에 들린 비닐백에 힘이 들어갔습니다.

두 친구는 엘리베이터에서 내려 왼쪽 복도로 꺾어졌습니다. 그런데 현우네 집인 507호 앞에는 이미 손님이 있었습니다. 손님과 함께 서 있던 현우는 선아를 보자마자 얼굴이 도화지처럼 하얘졌습니다. 선아 역시 현우와 함께 있던 사람을 보고는 얼굴색이 변해버렸습니다. 현우와 달리 고구마처럼 벌겋게 변해버린 얼굴로 휙 돌아서며 선아는 미로를 잡아끌었습니다.

"미로야, 걱정했던 내가 바보지. 어서 가자."

선아는 발을 세게 구르며 재빨리 엘리베이터에 탔습니다. 그 소리가 얼마나 컸던지 반대편의 509호 아줌마가 밖을 내다볼 정도였답니다.

"선아야! 선아야!! 오해야, 이건 오해라고!"

현우가 거의 울먹이다시피 소릴 지르며 선아의 뒤를 쫓았습니다. 하지만 엘리베이터는 야속하게도 닫혀버리고 말았지요.

이 모든 상황을 지켜보던 507호 앞의 손님은 어깨를 으쓱하며 씩 웃었습니다. 어쩐지 기분이 좋은 것 같았어요. 마지막으로 망연자실해 있는 현우에게 '잘 생각해봐.'라며 영화 속의 어른처럼 말하고는 엘리베이터에 탔어요.
그렇게 아파트를 나서며 안태하는 카톡을 보냈답니다.
'다 잘 될 것 같아. 최현우 우리 쪽으로 오게 될 거야.'

10. 오해

팅!팅!팅. 티딩팅팅팅.

선아의 폰에서 톡 메시지 음이 끊이지 않았습니다. 며칠째, 선아는 유독 한 채팅창만을 외면하고 있었어요. 누구나 예상하겠지만, 그건 바로 현우 메시지였지요. 무슨 내용일지 대충 알 것도 같았지만 듣고 싶지도 않았습니다. 분명 그날 일에 대한 변명일 테니까요.

현우는 가끔 선아에게 짓궂은 장난을 치거나, 약속 시간에 늦을 때도 변명을 잘 둘러대곤 했습니다. 그래서 이번만큼은 더 질려버릴 지경이었습니다. 그동안 친구 간에 이해할만한 수준의 실수는 넘어갔어도, 이번 것은 결코 다르다고 선아는 생각했습니다. 어쩌면 어른들이 말하는 '배신'이 이런 게 아닐까 싶었어요. 그날, 현우네 집 앞에서 야비한 미소를 짓던 안태하의 얼굴이 떠오를 때마다 선아는 화가 불끈 나기도 하고, 눈물이 조금 날 것 같기도 했습니다.

팅!

> 선아야, 현우 톡 좀 봐봐.

미로의 개인 톡이 울렸습니다. 선아는 별로 놀라거나 궁금해하지 않았습니다. 어차피 미로가 얘기하는 '현우의 톡'이라는 건 이미 각오하던 내용일 테니까요. 안태하를 비롯한 유치환네 애들이 끈덕지게 설득을 해왔다…. 자기도 어쩔 수가 없었다…. 어쩌고저쩌고 변명, 또 변명…. 선아는 씁쓸한 마음으로 미로에게 답장을 하기 위해 톡을 들여다봤습니다.

그런데 톡을 확인하자 선아의 얼굴이 서서히 굳어갔습니다. 그동안 예상했던 것과는 전혀 다른 이야기를 미로가 하고 있는 게 아니겠어요?

> 현우, 유치환네 애들한테 뭔가 당했나 봐. 이것 좀 봐.

> 당하다니…뭘?

 선아는 가슴이 두근거렸습니다. 비우세 톡방에는 미로가 다급히 캡처해서 올린 이미지가 있었습니다. 그 이미지를 내려받아 열어본 순간 선아는 자기도 모르게 탄식을 내뱉었습니다.
 "…아! 이제 어떡해……."
 그곳엔 해나가 그린 그림이 게시되어 있었습니다. 그림은 해나의 연습장과 스케치북에 있는 바로 그것이었지요. 하지만 그 이미지는 해나의 그림 원본이 아니었습니다.
 이 그림이 게시된 곳에 대해 미로가 바로 덧붙인 설명 때문에 선아는 거의 주저앉아 버릴 뻔했습니다.

> 이거 유치환 인스타야. 그리고 거기 댓글이 장난 아냐.

 캡처해 놓은 이미지 안에는 사진 아래 댓글들이 달려있었습니다. 몇 번 정도는 보아서 눈에 익은 계정들, 그러니까 선아네 반의 유치환 패거리 몇몇, 거기에 아마도 안태하로 추측되는 'antena_marvelflex'라는 이름이 보였습니다. 그리고, 매우 익숙한 이름도 눈에 들어왔습니다.

hwyongyong

현우의 닉네임으로도 댓글이 달려있었습니다. 선아는 느닷없이 가슴이 더 쿵쾅대고 숨이 가빠지는 걸 느꼈습니다. 댓글을 확인할 엄두가 안 나서 자기도 모르게 눈을 질끈 감았다가 떴습니다.

그때, 톡 하나가 팝업으로 떠올랐습니다.

> 선아야, 나 이제 어떡하지. 이러려고 한 게 아니야. 정말 미안해. 정말정말정말…….

현우였습니다. 선아는 잠시 숨을 골랐다가 그동안 외면했던 문제의 채팅창을 열었습니다. 잔뜩 화가 날 내용들이 가득할 걸 각오했습니다. 그런데 며칠 동안 쌓였던 톡들을 확인한 선아는 그만 눈물이 터지고 말았답니다.

선아는 한참을 울고 나서야 욕실로 가서 쓱쓱 세수하고 다시 핸드폰을 잡았습니다. 그리고 어릴 적부터 엄마 아빠 다음으로 가장 익숙한 그 번호의 통화버튼을 눌러 하소연을 늘어놓았습니다.

통화가 끝나고 나서야 선아는 유치환의 인스타를 유심히 들여다보기 시작했습니다.

73

11. 드디어 드론의 설계

 이제 비행선 드론은 설계 단계에 들어갔습니다. 미로의 활약이 필요한 때였습니다. 미로는 지난번 만남 후로도 재영 오빠를 몇 번이나 따로 만나 이야기를 나누었다고 합니다. 뿐만 아니라 다니고 있던 드론 학원 선생님께서 주신 자료들도 꼼꼼히 공부하며 설계도를 완성해 갔어요.
 어떤 날은 비우세 모임에서 미로가 너무 피곤해 보이길래 선아는 무리하지 말라고까지 했습니다. 하지만 미로의 대답은 정말 뜻밖이었어요.

"요즘에 너무 신나. 진짜로 내가 과학자가 된 기분이야. 그리고 내가 이렇게 해야 해나랑 현우가 당한 일도 멋지게 부숴버릴 수 있을 것 같아."

연약한 괴짜 같았던 첫 이미지와 달리 미로의 눈은 자신감으로 반짝거렸습니다. 게다가 그사이 키도 좀 자라서 왠지 어른스러워진 느낌이었어요.

아 참! '해나와 현우가 당한' 그 일은 어떻게 되었냐고요?

일단 유치환은 인스타그램에서 게시물을 삭제했습니다. 사실 이 일을 선생님께 알리고 유치환에게 항의한 사람은 '비우새' 그림의 원작자인 해나였습니다. 하지만 이 사건으로 가장 분노하고, 속상해한 사람은 바로 현우였지요.

그러니까 그날, 선아가 연락이 끊긴 현우를 보러 아파트 705호로 올라가 안태하와 현우가 만나는 걸 목격한 날 이런 일이 있었다고 합니다.

"너 과학 경시 우리 팀으로 옮겨타는 거 어때?"

현우네 집에 다짜고짜 찾아온 안태하는 뜬금없이 물었습니다. 처음에 현우는 낮잠 자다가 꿈을 꾸는 건가하고 멍하니 눈만 끔벅였습니다. 그런데 안태하는 핸드폰에서 뭔가를 찾더니 현우 코앞에 내밀었습니다.

그건 '드래곤 부스터700'의 이미지였습니다. 현우는 자기도 모르게 태하의 폰을 낚아채 이미지를 이리저리 확대해 보았습니다. 왜냐면 '드래곤 부스터700'은 모든 RC카 팬들이 갈망하는 꿈의 아이템이었기 때문이지요.

더구나 일본에서 한 해에 딱 만 대만 주문 생산하는 제품이라 가격도 무척 비싸고, 한 번 구경하기도 어려웠습니다. 그런데 이미지 속에는 현우의 눈을 한 번 더 크게 끔벅이게 하는 게 보였습니다. 그 귀한 '드래곤 부스터700'이 하나도 아니라 두 대인데다가, 두 개의 차 사이에선 유치환이 양반 다리를 하고 앉아 빙글빙글 웃고 있는 게 아니겠어요!

"야, 안태하, 이거 뭐냐. 합성이지?"

현우는 부디 합성이길 바라며 물었습니다. 하지만 태하는 고개를 절레절레 저었습니다. 그리고 더 어이없고 믿기지도 않는 두 번째 제안을 꺼냈답니다.

"네가 팀으로 오면 치환이가 이 중에 한 대를 너한테 증정한대."

안태하는 씩 웃었습니다. 이미 떡 벌어져 있는 현우의 입이 꽤나 재밌었거든요. 이제는 아픈 곳을 한 대 쓱 찌르기만 하면 오늘의 임무를 마칠 수 있습니다.

"너 최선아네 팀에서 그다지 역할이 없잖아. 뭐 그 드론이 작동되어야 네 역할이 생기는 거 아냐? 그거 안 뜨면 넌 아무것도 아니겠네."

"아, 아니야. 드론은 완성될 거야. 그리고 나도……."

현우는 어떻게든 자기 팀을 변호하고 싶었지만 더 이상 말을 잇지 못했습니다. 왜냐면 안태하의 말이 아직은 사실이었으니까요.

드론은 도대체 언제쯤 실제로 만들어질지 도무지 알 길이 없었고, 미로가 제대로 할지도 불안한 상태였습니다. 이런 현우의 속마음을 훤히 들여다보기라도 하듯 태하는 현우에게 넌지시 말했습니다.

"우리는 달라. 우린 이미 완성된 RC카라서 이제 출전만 하면 돼. 그래서 최고의 조종사가 필요해. 바로 너 같은 사람 말이야."

어느새 태하는 현우의 어깨에 손을 두르고 있었습니다. 현우는 반쯤 넋이 나간 채 이미지 속의 '드래곤 부스터700'과 태하의 달콤한 제안 사이를 헤매는 중이었지요.

바로 그때, 엘리베이터가 7층에 도착과 동시에 매우 요란하지만 익숙한 발소리가 들렸습니다. 그리고 현우가 겨우겨우 정신을 되찾았을 때 눈앞에는 얼굴이 붉으락푸르락한 선아와 어쩔 줄 몰라 하는 미로가 보였답니다.

"어휴, 이 여우 같은 곰탱아. 그런 일이 있었으면 나한테 저녁에라도 내려와서 애길 했어야지. 나 화나면 카톡 안 보는 거 아직도 모르냐."

"……."

"넌 죽마고우잖아. 어릴 때부터 같이 놀며 자란 친구 그 뜻도 몰라? 어떻게 아직도 날 모르냐."

그날의 이야기를 현우가 털어놓은 비우세 모임 날, 선아는 현우를 닦달했습니다. 현우는 머리를 긁적이며 그걸 까먹고 있었어…. 하면서도 얼굴은 조금 미소를 띠고 있었습니다.

이제야 마음이 놓이는 눈치였습니다. 이 모든 일이 밝혀지고 해결되는 데 크게 기여한 두 사람, 미로와 해나도 덩달아 미소를 지었습니다.

"유치환이 유치한 건 원래 알았지만, 저렇게 치사하고 비겁한 줄은 처음 알았어. 어떻게 현우를 꼬드겨내서 우리 디자인을 미리 알아낼 생각을 할 수가 있지? 난 너무 화나서 뒤로 넘어갈 뻔했어."

해나는 아직도 유치환에게 항의하던 순간을 떠올리며 두 주먹을 불끈 쥐었습니다. 항의를 받은 유치환네 팀은 처음에 적반하장으로 해나를 빈정댔다고 합니다. 그림 주인이 그림을 제대로 간수 못 해서 현우가 쉽게 가져온 걸 자기는 게시한 것뿐이라는 거였지요.

해나는 친구끼리 문제는 되도록 친구끼리 푸는 게 좋다고 여겼지만, 유치환의 태도가 너무 뻔뻔해서 치사하다는 소릴 듣더라도 어른의 힘을 빌려야겠다고 마음을 바꿨습니다. 그래서 선생님께 지금까지 일어난 일들을 말씀드리고, 유치환의 인스타그램을 캡처한 이미지도 보여드렸습니다.

　선생님께서는 해나의 이야기를 다 들으시고 이미지까지 훑어보신 후에 꽤 오래 생각에 잠기셨습니다. 그리고 다음 날 방과 후에 아이들을 호명하여 교실에 남게 하셨지요. 현우, 해나, 치환이었습니다. 그리고 옆 반 선생님께 의논드려 미리 안태하도 교실로 오게끔 하셨습니다.

　"선생님이 그렇게 엄하게 말씀 안 하셨으면 아마 유치환 걔 아직도 인스타 사진 안 내렸을 거야."

　해나가 도리질을 하며 말했습니다. 그러자 현우도 맞장구를 치며 덧붙였어요.

　"그러게 말이야. 치사하고 야비한 놈들! 게네 때문에 더 피곤해졌잖아. 팀 사이에 싸움 방지용으로 이제부터 제작 일지까지 촬영해야 하고… 아이고……."

　현우는 죽은 듯이 몸을 축 늘어뜨렸습니다. 그러는 현우를 보니 이제야 활기 넘치는 개구쟁이 최현우가 돌아온 실감이 났습니다. 해나와 선아는 그런 현우를 보며 킥킥대고 웃었지요. 그런데 이 와중

에도 단 한 사람 미로만은 여전히 설계도 삼매경에 빠져 있었답니다.

12. 나름대로 계획

"아! 진짜 화나게 하네! 송해나 엄청 때리고 싶어!"

학교 앞 사거리 막도날드에서 테이블을 쾅 내리친 사람은 유치환이었습니다. 치환이는 선생님의 엄격한 지시로 인스타그램의 이미지를 하는 수 없이 내려야 했지요. 그때의 굴욕감과 창피함은 잊을 수가 없었습니다.

자기를 이렇게 만든 당사자는 해나였지만, 이번 일로 눈엣가시 같은 꼬맹이 최선아가 더 거슬리게 되었답니다. 그리고 이 분통 터지는 마음은 도저히 풀리질 않아서 엉뚱한 사람에게로 화살이 날아갔습니다.

"야, 안테나. 네가 시켜서 이렇게 된 거잖아. 나 이제 창피해서 얼굴도 못 들고 다니게 생겼어. 어떡해, 네가 책임질 거야? 엉?"

치환이는 테이블 맞은편에서 콜라를 쪽 빨아 먹는 태하에게 말했습니다. 그러자 태하는 빨대를 입에 문 채 눈을 위로 치뜨며 그저 어깨를 한 번 으쓱할 뿐이었지요.

그런 반응에 치환이는 더 화가 났습니다.

"넌 아무 상관 없다 이거냐? 안테나 너 혼자 빠져나가겠다는 거야?"

"대체 뭐가 문제냐? 어차피 다 계획대로 되고 있잖아."

"계획대로?"

태연하게 감자튀김을 날름 먹으며 아무 문제 없다는 태하의 말이 치환이는 이해가 가질 않았습니다. 하지만 태하는 아주 침착하게 설명해주기 시작했어요.

"자, 생각이란 걸 좀 해봐. 이미 우리는 네 인스타를 통해서 최선 아네 아이디어를 반

은 노출시킨 거야. 어차피 비행선 만드는 건 모두가 아는 사실이고, 네가 박물관이니 뭐니 해서 촌스럽다고 애들 앞에서 망신도 줬잖아. 그리고 송해나가 오히려 도와준 격이지."

"도와주다니? 뭘?"

치환이는 태하의 얘기에 마법의 주문에라도 걸린 것처럼 빠져들었습니다. 태하는 씩 웃으며 감자튀김을 집던 손을 탁탁 털었습니다.

"선생님을 비롯한 전교의 심사위원 선생님들이 그 이미지를 다 보셨으니 이미 참신함은 완전히 떨어진 거 아니냐? 과학 경진대회 심사 요소 중에 '참신성'이 30프로나 돼. 사람은 이미 본 것에 대해 호기심이 떨어지는 법이다…. 라고 통계적으로 이미 증명되어 있어."

"호오… 참신성……."

치환이는 태하의 말을 따라 하며 어느새 고개를 끄덕였습니다. 듣고 보니 정말 그럴듯한 말이었습니다. 태하는 치환이가 자기 의견을 순순히 받아들이자 속으로 안도의 한숨을 쉬었지만, 사실 이 사태에 대해 태하도 가슴이 떨리긴 마찬가지였습니다. 하지만 이대로 치환이가 흔들려 버리면 남은 일정이 모두 어그러져 버릴 게 불 보듯 뻔했습니다.

태하 역시 괜한 짓을 했다는 생각이 조금은 있었지만 억지로라도 잊어버리기로 했습니다. 어차피 경진대회에서 이기고 나면 이 모든 건 순식간에 잊힐 테니까요. 마치 수학 올림피아드에서 1등인 선아의 그림자에 불과하던 자기 자신처럼 말입니다.

13. 앞으로 한 달

 이제 대망의 과학 경시대회까지는 딱 한 달 남았습니다.
 그동안 '비우세' 친구들에게는 꽤 많은 변화가 있었습니다. 일단 무척 진지하게 설계를 연구하고 몇 차례 아니 열 몇 차례의 실험에서 실패를 거듭한 끝에, 드.디.어! 미로는 드론이 안정적으로 비행하도록 만드는 데 성공했답니다.
 드론의 마지막 모의 비행 실험은 미로가 그토록 좋아하는 비밀 장소인 연못 공원 떡볶이 트럭 옆 숲길에서 거행되었습니다. 장소를 여기로 정한 데에는 그만한 이유가 있었지요.

만일 드론 비행이 성공하면 축하의 떡볶이를 먹고, 설사 실패하더라도 위로의 떡볶이를 먹기로 했기 때문입니다. 그래서 결과는, 축하의 떡볶이를 먹으며 미로가 특별히 친구들을 위해 하나씩 꺼내준 어묵까지 후후 불어먹는 것으로 마무리되었답니다. 물론 떡볶이는 미로가 가장 사랑하는 짜장 떡볶이였고요.

이 기쁜 결과로 바빠진 사람이 있었습니다. 이제 완성된 드론을 익숙하게 움직일 조종사의 역할이 중대해진 때가 오고야 말았어요. 현우는 RC카와 비행기의 명수답게 조종키를 자신에게 적응시키는 데 매우 집중했습니다.

"내가 얼른 그림을 그려 넣어야 현우가 연습하기 더 편하겠어. 나도 속도를 내야지."

조종 훈련에 열중하는 현우를 멀리서 지켜보며 해나가 말했습니다. 그러자 선아가 고개를 끄덕이며 그동안 꼼꼼히 적어두었던 제작일지에 새로운 내용들을 써넣어 나갔습니다.

'20XX년 09월 15일 드론 조종 훈련 본격적으로 시작. 비행선 디자인 다음 주 완성 예정.'

다 써넣은 노트를 탁 접자 선아의 마음속에서도 말끔히 정돈되는 소리가 들리는 것 같았어요. 이제 경시대회를 위한 모든 준비가 갖춰졌습니다. 꼭 경시대회 때문이 아니라 지금까지 달려온 과정처럼 앞으로도 최선을 다해 좋은 마무리를 짓는 것. 그 마지막을 향해 계획대로 차근차근 다가간다는 생각에 저절로 미소가 지어졌습니다.

한편 비슷한 시각 또 다른 곳에선 큰 소리가 끊이질 않았습니다. 비우세 회의 아지트인 지유 편의점 맞은편 사거리 빅 마트였습니다.

3층에 있는 블록 카페 안의 가장 넓은 테이블 위엔 아주 근사한 RC카가 놓여 있었습니다. 붉은색 바탕에 검은색 치우천왕 무늬가 굵직하게 그려진 자동차는 평범한 RC카보다 훨씬 큰 사이즈였답니다. 그런데 이 멋진 차 위로 마치 미사일처럼 고래고래 싸우는 소리가 날아다니는 게 아니겠어요?

"크기를 이렇게 키워 버리니까 코너링이 둔하잖아!"

"그래서 내가 처음부터 말했지? 그냥 가져온 도안 그대로 가면 된다고."

"뭔 소리야? 네가 더 눈에 띄게 키워보자고 한 거잖아. 최선아네 비행선에 비하면 RC카는 너무 작아서 묻힌다고."

"솔직히 유치환 안태하 너희 둘 다 동의한 거잖아. 이렇게 키우기로. 이제 와서 이러면 어쩌자는 거냐?"

디자인을 맡은 이도안의 한 마디가 공기를 갈라놨습니다. 치환이와 태하는 씩씩대면서도 아무 말도 더하지 못했지요. 블록 카페에 있던 아이들이 치환이네 테이블을 흘겨보았습니다. 일부러 같은 초등학교 아이들이 보란 듯이 장소를 여기로 잡았는데 그만 말다툼을 벌이면서 오히려 구경거리가 되고 만 것입니다.

치환이는 태하의 뻔뻔함에 화가 잔뜩 치밀어 올랐습니다. 반대로 태하는 치환이가 아무렇지도 않게 동의해버렸던 일들에 대해 발뺌을 하는 꼴에 기가 찼지요.

두 사람이 억지를 쓰며 팽팽하게 맞서는 바람에 곤란해진 건 도안이었습니다. 사실 도안이의 장래 희망은 자동차 디자이너였습니다.

미래 자동차 계발팀에 다니는 아빠의 영향으로 어려서부터 다양한 자동차 관련 책과 장난감 미니카를 접하며 키워오던 꿈이었습니다. 그래서 처음에 유치환이 함께 과학 경시대회에 나가자는 제안을 했을 때 무척 기뻤답니다. 드디어 그동안 갈고 닦은 그림 실력과 기발한 아이디어를 선보일 기회가 생겼던 것이지요.

그런데 막상 대회를 준비하는 일은 도안이의 예상과는 전혀 달랐습니다. 첫 번째 회의에서 치환이가 테이블에 툭 던져놓은 건 'THE FORMULA'라는 외국 잡지였습니다.

군대 간 자기 형 방에서 가져왔다는 잡지는 독일에서만 판매되는 거라고 거드름을 피웠습니다. 그러더니 테이프로 표시해놓은 페이지를 펼쳐서 도안이 앞에 내밀었습니다. 그 페이지를 살펴본 도안이는 언젠가 기사로 읽었던 내용이 기억났습니다.

"이거 우리나라 디자이너가 상 받은 디자인이지? 이걸로 F1에서 기념 RC카도 제작했잖아."

"이야~ 역시 자동차 귀신은 다르구나. 맞아. 그 디자이너가 우리 형이랑 되게 친해. 독일에서 같은 동네 살았대."

"음······. 이 차 디자인 엄청 멋지지. 이거 참고용으로 가져온 거지? 다른 자료도 있지?"

도안이는 아마도 RC카 자료를 많이 공유해야 도움이 될 것 같아 치환이가 모아온 이미지 중 하나라고 생각했습니다. 하지만 치환이의 대답은 도안이의 생각과 완전히 달랐습니다.

"아니? 이거 그대로 쓰자고 가져온 거야. 멋지잖아. 상도 받았고. 뭐 하러 다른 거 하느라 애를 쓰냐."

"뭐…? 이거 원래 디자인 함부로 쓰고 그러면 안 되는 거잖아. 그리고 베낄 거라면 애초에 나를 왜 부른 건데?"

"넌 자동차 귀신이니까. 그냥 그대로 그려 넣어. 그리고 디자인 쓰는 건 형한테 말해달라고 부탁하면 돼. 그런 건 네가 신경 안 써도 돼."

"야…. 무슨…. 내가 이러려고 너희 팀에 온 건 아닌데······."

"아, 됐고! 그냥 해. 이걸로 경시대회 우승하면 너도 나중에 상장 많아져서 스펙에 좋잖아. 아무것도 문제 될 거 없어. 우리 같은 초등학생들이 무슨 대단한 디자인을 하겠냐. 그냥 멋있는 거 그대로 쓰는 게 나아."

도안이는 말문이 막혀버렸습니다. 그리고 너무나 속이 상했습니다. 드디어 그냥 스케치북에 그려오던 디자인을 멋지게 실험해 볼 기회를 만났다고 생각했건만, 완전히 다른 길로 들어선 것 같았습니다. 하지만 치환이가 말한 '상장'이 도안이의 마음을 짓눌렀습니다.

도안이가 국제중학교에 들어가길 바라는 엄마의 마음을 잘 알고 있었기 때문입니다. 그래서 너무나 마음에 들지 않았지만 일단 이 팀에서 함께 대회를 준비해보기로 했습니다. 할머니께서 가끔 하시던 말을 떠올리면서 말이죠. '생각대로 살기 힘들 땐, 사는 대로 생각하는 것도 아주 가끔은 괜찮다.'

그런데 이제 슬슬 후회되기 시작했습니다. '지략가이자 정보 왕'이라던 안태하가 이리저리 애들 사이에 싸움을 부추기는 것도 질색이고, 치환이가 고래고래 우겨대는 것도 넌더리가 났습니다. 특히 얼마 전 인스타그램 사건은 도안이의 이런 생각을 더욱 굳혀주었지요.

그림을 잘 그리는 해나와 도안이도 선아와 태하가 수학으로 1, 2등을 다투는 것만큼이나 서로 라이벌 관계였습니다. 하지만 해나와는 2년 동안이나 같은 반이었던 친구이기도 했습니다. 서로 경쟁하

면서도 상대방의 실력을 인정하며 사이좋게 지내왔습니다. 그런데 이번 사건으로 왠지 해나와 도안이는 서먹해져 버렸습니다. 해나도 도안이에게 잘못이 없다는 걸 알지만 '팀'이라는 특성상 서로 대립하고 틀어져 버리는 건 당연한가 봅니다.

여러모로 도안이는 머리가 지끈거렸습니다. 대체 과학 경시대회가 뭐길래 이렇게까지 서로 할퀴어가며 싸워야 하나 싶었어요. 더구나 도안이는 점점 얻는 것보다 잃는 게 많아지는 것 같아서 이제라도 그만둬 버릴까 하는 마음이 하루에도 몇 번씩 끓어올랐지요. 하지만 여전히 그럴 때마다 엄마의 말씀이 큰 바위처럼 머릿속을 짓눌렀습니다.

'우리 도안이가 국제중 가는 게 엄마 소원이다. 옆 단지의 재영이 형처럼 말이야. 부족한 자격조건을 어서 채워야 할 텐데.'

도안이는 아픈 머리를 식히려고 거세게 도리질을 했습니다. 그리고 어쩔 수 없이 또 한 번 씁쓸한 다짐을 했습니다.

그래, 딱 한 번이야. 그냥 유치환이랑 상장만 따오자. 그걸로 끝이야.

14. 드론을 날리다.

오늘은 생전 처음 가 본 낯선 장소에 비우세 친구들이 모였습니다. 어느새 비우세의 비행선은 완전한 모습을 갖추었고, 비행선 부분과 드론을 분리해서 조정하는 일도 가능해졌습니다.

현우는 드론을 빠르게 조정하기보다는 정확하고 안전하게 조정하는 데 훈련을 집중했습니다. 왜냐면, 처음부터 비행선 드론은 '빠르게 배송하는 것'이 목적이 아니라 '필요한 사람에게 안전히 물건을 전달하는 것'이 만들어진 이유였으니까요.

오늘은 바로 그 이유를 증명하려고 모인 것입니다. 현우는 엄마께 말씀드려서 아파트에서 가장 가까운 단골 약국 앞을 한 시간 동안 빌릴 수 있었습니다. 거기에 드론을 이륙시킬 베이스캠프를 설치했습니다. 넓은 공간은 아니었지만 드론이 정상적으로 날아오르는 걸 관찰하기엔 충분했지요.

약사 선생님께서는 비우세 친구들이 실험 영상을 촬영하는 데 도움을 주고자 약봉지와 가벼운 구급 통을 빌려주셨어요. 그 덕에 친구들은 마치 티브이에서 나오는 119구조대 영상처럼 근사하게 드론 영상을 폰 카메라에 담을 수 있었습니다.

현우는 드론을 조정하기 전에 준비 상태를 꼼꼼히 살폈습니다. 드론이 충분히 충전되었는지, 리모컨 조작이 뻑뻑하진 않은지, 갑작스러운 소나기 예보는 없는지 등을 점검했어요.

디자이너인 해나는 영상 속에 비행선이 좀 더 예쁘게 담길 수 있도록 마지막으로 비행 풍선의 주름과 무늬들이 깨끗이 보이도록 매만져 주었지요. 그리고 비행선 드론을 만든 장본인인 미로도 약간 긴장한 얼굴로 침착하게 베이스캠프 상황을 점검했어요. 만에 하나 드론이 추락할 것을 대비해 예비용으로 만든 가벼운 드론도 충전해 두었습니다.

자, 마지막으로 이 크나큰 프로젝트의 지휘자이자 비우세의 팀장 격인 최선아 어린이의 차례입니다. 선아는 이미 드론 이륙 장소가 꾸려질 때부터 전 과정을 폰 카메라에 담는 중이었어요.

가끔 영화를 보면 영화의 본 내용 외의 촬영 스토리를 담은 짤막한 영상들이 나오는데, 선아는 그걸 보는 게 좋았답니다. '메이킹 필름'이라 불리는 그런 영상들을 보면 영화가 어떻게 만들어졌으며, 촬영하는 동안 애쓴 사람들의 진짜 이야기가 보여서 왠지 완성된 영화가 더 감동적으로 느껴졌거든요. 그래서 선아도 약사 선생님을 만나 인사를 드리고 드론 설치하는 전 과정을 모두 촬영했어요.

나중에 이 영상을 비우세 친구들과 모여앉아 보면 더할 나위 없이 소중하고 즐거운 추억으로 남을 것 같았어요. 물론 그때는 미로가 사랑하는 구름마블을 하며 짜장 떡볶이를 곁들이겠지요.

"모두들 주목! 자 이제 진짜 간다아~ 드랍 더 비트!"

마침내 현우의 목소리가 공기를 갈랐습니다.

힙합 오디션 프로그램의 기합을 섞은 장난스런 외침 속에 현우의 손가락이 경쾌하게 리모콘을 튕겼습니다. 그러자 드론이 수직으로 땅에서 천천히 올라왔습니다.

"우오오옹."

드론이 내는 소리는 마치 태권도 선수가 발차기를 날리기 전에 기를 모으는 것 같았습니다. 비우세 친구들은 어느새 모두들 입을 다문 채 드론이 움직이는 모습에 눈을 모았습니다.

현우가 리모콘의 방향키를 살살 밀기 시작했습니다. 그러자 드론은 기다렸다는 듯이 부드러운 포물선을 그리며 조금씩 멀어져 갔습니다.

"이제부터가 본게임이다. 간다아……."

현우의 목소리에 약간의 긴장감이 섞여 있습니다. 하지만 현우는 흔들림 없는 손동작으로 천천히 조정키를 움직였습니다. 드론은 현우가 공중에 홀로그램으로 그림을 그려 넣으면 그 경로대로 따라가는 것처럼 보였습니다. 아주 빠르지도, 느리지도 않은 속도로 드론은 아파트 정문이 있는 방향으로 유유히 날아갔습니다.

드론이 공중에 빙빙 돌아다니자 정문 앞을 청소하고 계시던 경비 아저씨께서 신기하다는 얼굴로 바라보십니다. 거기에 옆을 지나시던 다른 사람들도 공중을 가리키며 호기심 어린 표정으로 이야기를 나누는 게 보였어요.

현우가 드론을 서서히 아파트 5층으로 접근시키는 사이 어느새 미로는 힘껏 뛰어서 도착지점에 이르렀고, 507호인 현우네 집 앞 복도의 창문이 열리고 미로와 한 어르신의 모습이 보였습니다.

선아 휴대폰의 줌을 최대한 당겨도 이 정도 거리까지는 해상도가 흐릿해지므로 도착지점인 507호의 촬영은 미로를 뒤따라 뛰어간 해나가 맡았습니다.

해나의 폰에 등장한 어르신은 다름 아닌 현우의 할머니셨죠. 할머니께서는 비우세 친구들이 미리 설명해드린 대로 드론이 싣고 온 약봉지를 향해 천천히 손을 뻗으셨어요.

미로는 할머니에게 천천히 근접해 오는 드론을 보면서 머리 위로

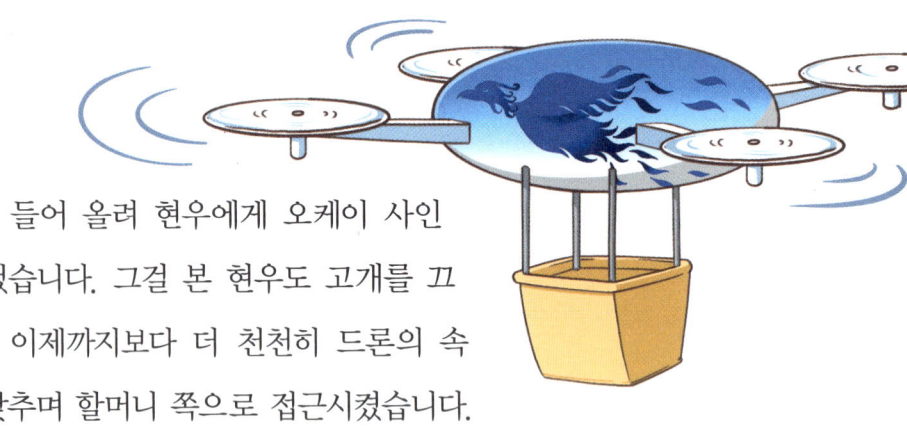

주먹을 들어 올려 현우에게 오케이 사인을 보냈습니다. 그걸 본 현우도 고개를 끄덕이며 이제까지보다 더 천천히 드론의 속도를 낮추며 할머니 쪽으로 접근시켰습니다.

할머니께서는 살며시 손을 내밀어 드론 아래 있는 약봉지의 귀퉁이를 잡으셨어요. 비우세 친구들뿐 아니라 드론의 비행을 지켜본 모든 사람들이 자기도 모르게 침을 꿀꺽 삼키는 순간이었어요. 선아는 눈을 질끈 감고 말았답니다.

'꼭 성공하게 해주세요! 할머니께서 약봉지를 잡아서 우리 〈가!숨벅찬 비행선〉이 좋은 일을 할 기회를 주세요!'

"와아아아! 선아야 여기 좀 봐! 우리 대성공이야!"

그 순간 환호가 아파트에 울려 퍼졌습니다.

눈을 뜬 선아를 기다린 건 약봉지를 들고 태극기처럼 팔락팔락 흔드시는 현우 할머니의 웃는 얼굴과 꿀벌처럼 어지럽게 춤을 추는 드론이었습니다. 그리고 무엇보다, 함박웃음을 지으며 서로 마주 손뼉을 치는 해나, 미로, 현우. 비우세 친구들의 모습이 보였습니다.

아파트 5층에서 한달음에 뛰어와 친구들은 너나 할 것 없이 선아를 안아 주었습니다. 현우의 눈에선 이미 눈물이 줄줄 흘러나왔습니다. 그걸 본 선아도 처음으로 느껴보는 감정 때문에 그만 눈물이 나왔습니다. 모두 몇 번이나 서로 하이파이브를 하면서 드론 비행선 〈가!숨벅찬〉의 데뷔를 자축했답니다.

오늘만큼은 선아가 친구들을 위해 아빠가 주신 특별 용돈으로 실컷 편의점 인심을 썼답니다. 간식거리들을 잔뜩 테이블에 늘어놓고 쉴 새 없이 떠드는 동안, 선아는 문득 아까 자기의 기도가 좀 잘못됐다는 걸 깨달았습니다.

'왜 이기게 해달라고 하지 않고 좋은 일을 할 기회를 달라고 했을까?'

선아는 의문이 들었습니다. 그런데 이상하게도 이제 더 이상 신경 쓰이지 않는 것 같았습니다.

무엇일까요? 선아는 가!숨벅찬 비행선과 비우세 친구들에 골몰하느라 자기가 유치환의 이름을 얘기하지 않은 지 며칠이나 되었다는 걸 어렴풋이 알게 되었답니다.

15. 무조건 크고 튀어야 해.

 '자, 이쯤이면 완벽해! 땅꼬마 최선아네 비데인지 비우세인지를 납작하게 눌러주겠어!'
 동영상 편집을 마친 치환이는 확신에 차서 주먹을 꽉 쥐었습니다. 선생님께서 새로 추가하신 '제작 과정 일지'를 오로지 동영상으로만 멋들어지게 만들어 제출하면 이제 모든 준비가 끝나는 것입니다.
 동영상의 편집은 끝났지만, 더 눈에 확 띄게 하기 위해 디자이너인 도안이가 후반 작업을 해야 합니다.

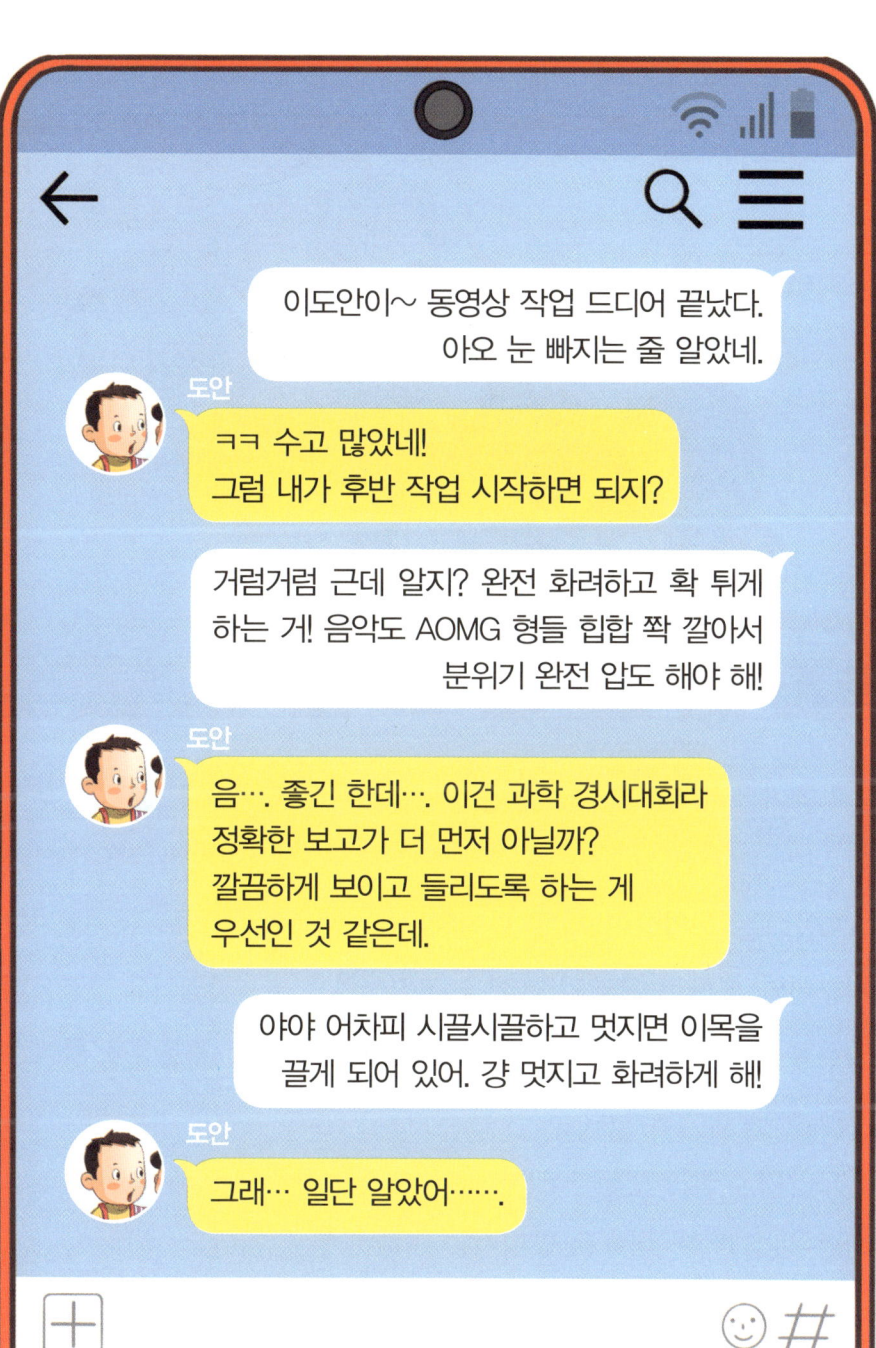

치환이는 채팅방에서 도안이에게 강조하고 또 강조했습니다. '무조건 튀어야 한다!'

도안이는 동영상이 너무 화려해지는 걸 짐짓 꺼리는 눈치였지만 치환이와 태하는 본래의 계획을 고집스럽게 밀어붙였어요. 뭔가 더 말하고 싶어 했지만 도안이는 묵묵히 편집이 끝난 동영상을 클라우드에서 내려받았습니다.

'도안이의 말도 일리가 있지만, 일단 모두들 놀라도록 주목을 받고 봐야 해. 그러면 내용은 알아서들 이해하게 될 거야.'

치환이는 자신의 제작 일지 동영상을 매우 흡족하게 바라보았습니다. 이미 F1이 인정한 디자인의 RC카, 게다가 RC카 조정이라면 선수의 경지에 오른 바로 이 몸 유치환 님, 정보 왕이자 기계 괴물인 안태하, 그리고 자동차 디자이너를 꿈꾸는 디자인 명인 이도안.

이 완벽한 조합은 반드시 촌티가 줄줄 나는 비우세 따위의 비행선과는 비교도 안 되게 멋이 폭발하리라 상상했습니다. 마치 연예대상 시상식 포토라인에 선 AOMG 형들처럼 턱시도를 입고 금목걸이를 출렁이는 플렉스! 가 막 흐를 것 같았지요.

자신만의 공상에 취해 흐흐흐 웃는 치환이는 자기 뒤의 열린 문틈으로 피식하고 웃는 사람이 있다는 사실조차 몰랐답니다.

치환이의 형이자 독일에서 유학 중인 유명한은 동생이 무안할까 봐 살짝 문을 닫고 돌아섰답니다.

16. 3주일 전

앞으로 딱 3주일. 과학 경시대회 공지가 발표된 초여름의 더위가 어느새 선선한 가을바람으로 바뀌었습니다.

우리 친구들이 다니는 호연 초등학교의 과학 경시대회는 다른 학교처럼 과학의 달인 4월에 열리지 않고 가을인 10월에 열립니다.

여러분은 '옥토버 스카이'라는 과학 프로그램에 대해 들어보았나요? 말 그대로 '10월의 하늘'이라는 이 프로그램은 미국의 한 지방 도시에 사는 네 명의 친구들이 로켓을 쏘아 올리는 실험을 거듭하며 끝내 성공했던 일에서 유래했답니다.

친구들은 우주에 대한 호기심과 로켓에 대한 열정으로 실험에 도전하여 여러 번의 실패를 겪으면서도 포기하지 않고 로켓을 쏘아 올렸답니다.

로켓이 날아 창공을 뚫고 오르던 그날은 10월의 맑은 어느 날이었고, 이 일은 청소년과 학생들의 창의적인 과학 연구와 실험을 지원하는 교육 정책을 만드는 데 큰 영향을 미치게 됩니다.

선아네 학교에서는 이런 옥토버 스카이의 의미를 되살리자는 의미에서 특별히 과학 경시대회를 10월에 개최하게 되었답니다. 공교롭게도 선아네 팀인 비우세는 하늘과 관련된 프로젝트를 선보일 기회입니다. 물론 치환이네 RC카도 좋은 기회를 맞게 됩니다.

그런데 모두들 가을 하늘처럼 차분하고 평온한 마음으로 과학 경시대회를 기다리던 이때 전혀 예상치 못한 일이 벌어졌어요. 그건 다름 아닌 치환이의 형 유명한이 동생이 몰랐던 사실을 알게 되며 일어났어요.

"그 디자인은 네 맘대로 이용할 수 있는 게 아니야. 전 세계적으로 상표권과 저작권이라는 법적인 장치가 있어. 그걸 반드시 지켜야만 하는 거야."

유명한은 과학 경시에 출전할 RC카를 가리키며 동생을 타일렀습니다. 하지만 치환이는 막무가내였습니다.

"그딴 건 그냥 형이 해결해줄 수 있잖아. 그 디자이너랑 친구라며. 그냥 동생이 과학 경시에 나가는 데 잠시만 빌려 쓴다고 얘기해 줘. 아아아 혀엉~~"

치환이는 형의 소매를 붙잡고 늘어졌습니다. 하지만 명한 형의 태도는 단호했습니다.

형은 동생의 손을 슬며시 빼내며 다시 말했습니다.

"치환아, 저작권이라는 건 그렇게 간단하고 가벼운 권리가 아니야. 너는 초등학생이 과학 경시에 잠깐 빌려 쓰는 게 뭐 문제겠어… 하고 별 것 아니라고 생각하겠지만, 그게 지식재산권을 도둑질하는 시작점이 될 수도 있어. 지식재산권이라는 말 들어봤지?"

명한 형의 목소리는 아까보다 더 낮고 심각했습니다. 형의 표정이 목소리만큼이나 심각해지자 치환이는 이내 덜컥 겁이 났습니다.

"너희가 저 RC카의 디자인을 사용하고 싶다면 정식으로 디자이너나 그 디자이너가 소속된 회사에 허락을 구하는 게 순서야. 필요하다면 사용료를 내야 하기도 하고, 대회에 나갈 때는 디자이너가 누구인지도 밝혀야 해."

"그럼… 나 이제부터 어떡해야 해?"

치환이는 '도둑질'과 '사용료'라는 말들 때문에 바짝 얼어붙었습니다. 머릿속에선 이미 저작권을 도둑질해서 티브이 8시 뉴스에 나와

음성변조로 죄를 자백하는 장면이 떠올랐어요. 게다가 돈까지 내야 한다는 건 생전 처음 듣는 얘기였습니다. 얼굴이 밀가루처럼 하얘진 치환이의 어깨를 형이 툭툭 두드리며 말했습니다.

"그렇게 얼어붙을 거 없어. 잘못을 안 이상 바로 잡으면 되니까. 일단 디자이너한테 연락부터 하자."

형은 독일에 있다는 디자이너에게 이메일을 보냈습니다. 그리고 치환이가 해야 할 일도 말해주었지요.

치환이는 우선 이 사실을 같은 팀 친구들에게 알렸고 태하 역시나 저작권 부분을 놓친 걸 알고 크게 당황했습니다.

왜냐면 전교에서 자기만큼 정보에 밝은 사람이 없다고 자부해놓고 이제 와서 주인이 있는 디자인의 사용이 가능한지를 미리 확인하지 않았다고 하면 그동안 쌓아온 명성에 흠집이 생길 테니까요.

프로젝트를 완성하는 내내 침착한 모습을 보였던 태하였기에 치환이는 이런 반응에 조금 놀랐습니다. 천하의 안테나 안태하도 당황할 수 있다는 사실에 말이지요. 그런데 더 이상한 건 도안이의 반응이었습니다.

도안이는 생각보다 무덤덤해 보였어요. 심지어 '정 안되면 밤을 새워서라도 새로 디자인하지 뭐.'라는 말까지 덧붙였습니다.

정말 이상한 일이었습니다. 지금까지는 작은 일에도 예민해하며 흠칫 놀라던 도안이가 오히려 태연했고, 반대로 찔러도 피 한 방울 안 나올 것 같던 초인 같은 태하가 혼란에 빠졌습니다. 마치 두 사람의 영혼이 서로 바뀐 것 마냥 행동하는 게 치환이로선 어이없기도 하고 전혀 새로운 면이라 재밌기도 했지요.

어쨌든 그래도 큰 사고는 미리 예방할 수 있어서 다행이었습니다. 형이 말한 대로 디자이너가 허락만 한다면 계획대로 아무 문제 없이 과학 경시대회에 나가면 되니까요. 하지만 보낸 메일에 바로 답장을 받은 형의 얼굴이 썩 좋아 보이지 않았습니다.

형은 치환이에게 다시 한번 낮은 목소리로 무거운 이야기를 해야만 했어요.

"치환아, 아무래도 그 디자인을 쓰는 건 힘들 것 같아. 이 디자인은 F1 수상작이라 몇 년 동안은 저작권이 F1에 있대. 다른 곳에는 전혀 쓰지 못하고 몇 년간 F1 경주용 자동차에만 사용해야 한단다. 이제 어떡해야 할까?"

형의 말이 컴컴한 커튼처럼 치환이의 마음에 내려앉았습니다. 정신이 아득해지는 걸 느꼈습니다.

진짜 이제는 어떡해야 할까요? 이대로 과학 경시를 포기해야 하는지, 아니면 도안이 말대로 밤을 새워 새로운 걸 만들어야 하는지…. 아무것도 생각할 수가 없었습니다.

치환이가 거의 비틀대다시피 멍하게 침대에 주저앉자 명한이 형이 말했습니다.

 "우선 경시대회를 주관하시는 선생님께 말씀드리는 게 좋겠어. 담임 선생님께도. 그런 다음에 방법을 다시 찾아보자."

17. 다시 시작하다.

　치환이는 형 말에 순순히 따르기로 했습니다. 실은 달리 뾰족한 방법이 없어서였지요. 어쨌든 형이 말한 대로만 하면 적어도 범죄자가 되지는 않을 테니까요. 아무리 그렇게 마음을 먹었더라도, 월요일 아침 교무실로 향하는 치환이의 발걸음은 쇳덩이를 달아놓은 것처럼 무거웠습니다. 떨어지지 않는 발을 겨우겨우 하나씩 떼어 계단을 내려갔어요.
　이윽고 교무실 문을 열자 선생님께서는 이미 치환이를 기다리고 계셨습니다. 어젯밤에 명한이 형이 선생님께 미리 메일을 보내두었기에 치환이는 벼락같은 꾸중을 들을지, 차가운 비난을 받을지 오만가지 생각을 하며 쭈뼛쭈뼛 선생님께 다가갔습니다. 그 길이 지금까지 살아온 11년의 인생보다 훨씬 길게 느껴졌답니다.

"치환이 왔구나. 여기 앉으렴."

"네…? 네에… 선생님……."

생각보다 부드러운 선생님의 목소리에 치환이는 좀 당황했습니다. 선생님께선 치환이를 앉힌 후에도 아무 말씀 없이 따뜻한 코코아를 타서 내미셨습니다. 코코아 컵을 받아든 치환이는 후하고 한 번 불어 마신 후 선생님을 올려다보았어요.

"치환아, 선생님은 치환이가 아주 용기 있는 결정을 했다고 생각해. 칭찬해주고 격려해주고 싶어서 부른 거야."

"용기… 요? 선생님 저는 오늘 과학 경시 RC카 때문에… 디자인 때문에 부르신 건 줄 알고……."

치환이는 영문을 몰라 하면서도 기어들어 가는 소리로 말했습니다. 그러자 선생님께서는 싱긋 웃으시며 치환이의 머리를 쓰다듬어 주셨습니다.

"실수는 누구나 하는 거야. 더구나 저작권이니, 지식재산권이니 하는 문제는 어른들도 어려워서 잘 모르는 것들이고. 그런데도 형이 바르게 고쳐야 한다고 일러준 걸 무시하지 않고, 잘 받아들여서 이렇게 선생님에게 말해줬다는 건 아무나 할 수 있는 행동이 아니야. 아주 용기 있고, 또 당당한 사람만이 그럴 수 있는 거야. 선생님은 치환이가 이번에 아주 어른스러워진 것 같아서 너희들을 가르치는 일에 큰 보람을 느꼈어."

그 순간, 치환이의 눈이 축축하게 젖어 들었습니다. 힘이 잔뜩 들어가 딱딱하던 다리도 흐물흐물하게 탁 풀려버렸지요.

눈에서는 따뜻한 샘이 퐁퐁 솟아오르는 것 같았습니다. 그제야 치환이는 손을 들어 쓱 눈물을 훔쳐냈습니다.

"선새…, 흐윽, 생님, 흑흑, 제… 제가 진짜 잘못했어요. 흑흑."

"치환아, 정말 부끄러운 행동은 알면서도 고치지 않는 거야. 치환이는 전혀 잘못한 게 없어. 그러니까 다시 경시대회 준비를 해 보자. 꼭 완벽하지 않아도 돼."

선생님의 따스한 손길이 치환이의 머리 위로 느껴졌습니다. 동시에 과학 경시대회를 이제 어떻게 수습해야 하나 하는 걱정도 조금 생겼습니다. 하지만 정말 이상한 게 있었습니다.

여태 과학 경시대회를 준비하면서 대단한 프로젝트를 이뤄나가는 동안 쭉 가슴을 짓누르던 힘이 싹 사라졌다는 것이지요. 그 힘의 정체에 대해 치환이는 제대로 생각해 본 적이 없었습니다. 아니, 실은 제대로 생각하고 싶지 않아 내내 피해왔던 것입니다. 그리고 이제야 그게 무엇이었는지 마주보고 확인할 용기를 갖게 되었답니다.

'그래. 우리들만의 RC카 만들었어야 해. 나는 이미 뭐가 문제인지 알고 있었던 거야.'

교무실을 나서며 교실로 올라가는 발걸음이 모터를 단 것처럼 빠르고 가벼웠습니다. 치환이는 우선 디자인에 대해 다시 처음부터 생각해야 했지요. 그래서 도안이를 찾아갔습니다.

도안이네 반에 들어서자 책상에 우두커니 앉아있는 도안이가 저 멀리 보였습니다. 치환이가 가까이 다가갔는데도 도안이는 전혀 눈치를 채지 못하고 있었습니다.

어떤 일에 매우 집중하면 옆에서 고래고래 떠들고 춤을 춰도 잘 알지 못하는 도안이의 성격 탓이었지요.

'뭘 그리고 있는 거지?'

가까이서 보니 도안이는 그림을 그리고 있었습니다. 스케치용 연습장에는 익숙한 형태의 밑그림이 이미 그려져 있었습니다.

치환이는 그게 RC카라는 걸 단번에 알아봤습니다. 하지만 예전에 봤던 RC카와는 많이 달라 보였습니다. 경주용 차량처럼 날쌘 불사조 이미지가 예전의 RC카였다면 지금 도안이의 스케치는 로봇인 '휴보'처럼 동글동글하고 친숙한 느낌이었습니다.

치환이가 자기도 모르게 점점 스케치를 가까이 들여다보자 이윽고 도안이도 낌새를 채고 흠칫 놀랐어요. 도안이는 치환이에게 한소리를 들을까 봐 스케치북을 허둥지둥 감췄답니다.

"왜 숨기고 그러냐. 자세히 좀 보면 안 돼?"

"아니야… 이건 경시대회랑 상관없는 내 그림이야. 그냥 연습하는 차원이야."

도안이의 목소리가 기어들어 갔습니다. 그러자 치환이는 스케치북을 슬쩍 빼앗아서 다시 꼼꼼히 살펴보기 시작했어요.

"이거 전기 자동차 디자인으로 어울리는데? 거기서 얻은 아이디어야?"

치환이의 물음이 약간 의외여서 도안이는 좀 놀랐습니다. 프로젝트에 집중하지 않고 딴 짓을 한다고 핀잔을 들을 줄 알았거든요.

"아빠네 회사에서 이제 전기 자동차 사업을 엄청 키운대. 그래서 기념으로 어린이를 대상으로 '미래의 전기차' 디자인 공모전을 연다고

하더라고. 12월에 접수 마감이라 아직은 시간이 있어서 그냥 스케치만 해 보는 거야."

"전기차라…. 그래, RC카가 꼭 경주용 차처럼 생길 필요는 없지."

"응? 그건 또 무슨 소리야?"

"아, 다 결정되면 얘기해 줄게. 일단 나 이 스케치만 찍어가도 돼? 이거 참고해서 뭐 좀 찾아보려고."

"응, 괜찮아. 어차피 이거 수정 많이 해야 되어서 아직은 원본 수준도 아냐. 근데 뭔지 나 좀 알려주면 안 돼?"

도안이는 오랜만에 치환이의 행동에 호기심이 생겼습니다. 그러자 치환이는 눈을 위로 이리저리 굴리며 생각에 잠겼다가 고개를 끄덕였습니다.

방과 후에 두 사람은 도안이가 다니던 미술 학원에서 보기로 했습니다. 이곳에서 보자고 한 사람은 원생이었던 도안이가 아닌 치환이였지요. 바로 그 비밀은 자동차 디자인의 비밀에 있었지요.

그리고 학교가 끝난 후 미술 학원으로 향하는 두 사람을 지켜보며 이를 으득 갈아대는 사람이 있었답니다.

18. 재활용하다.

"도안아, 그러니까 친구랑 네 말은 여기서 수업하는 재활용 공작 재료를 빌려달라는 거지?"

미술 학원 원장 선생님께서 도안이에게 물으셨습니다. 치환이와 도안이는 마치 미어캣처럼 동시에 그렇다고 대답했지요. 선생님께서는 싱긋 웃으시며 우선 어떤 재료가 필요한지를 물으셨습니다. 거기에는 치환이가 나서서 먼저 대답을 했어요.

"저희가 하고 싶은 디자인은 전기차처럼 친환경의 의미를 살리는 거예요. RC카는 사실 되게 멋지고 날쌘 모습이 매력이지만, 그 디자인을 사용할 수가 없게 되었거든요. 근데 도안이 그림이……."

치환이는 도안이와 스케치 연습장을 흘끔 보았습니다. 그리고 멋쩍은 듯이 웃으며 말했어요.

"힌트가 되었어요. 이제 경시 대회까지는 딱 일주일 남아서 재활용 재료들을 튼튼히 이어 붙여서 모터 위에 얹는 게 제일 좋은 대안인 것 같아요."

도안이는 꽤나 놀랐습니다. 치환이가 이렇게 자신의 노력을 인정해 주리라곤 상상도 못 했거든요. 그동안은 그저 시키는 대로 치우천왕 디자인을 그대로 옮겨 색을 바꾸고 다듬는 일 외에는 딱히 해야 할 일이 없었습니다. 그래서 도안이는 과연 자기가 이 팀에 정말로 필요한 존재인지 계속 스스로 질문하곤 했지요.

사실 경시대회 프로젝트 내내 화가 나 있는 것 같은 치환이가 도안이는 조금 무섭고 높은 사람으로 여겨졌답니다. 하지만 오늘 미술

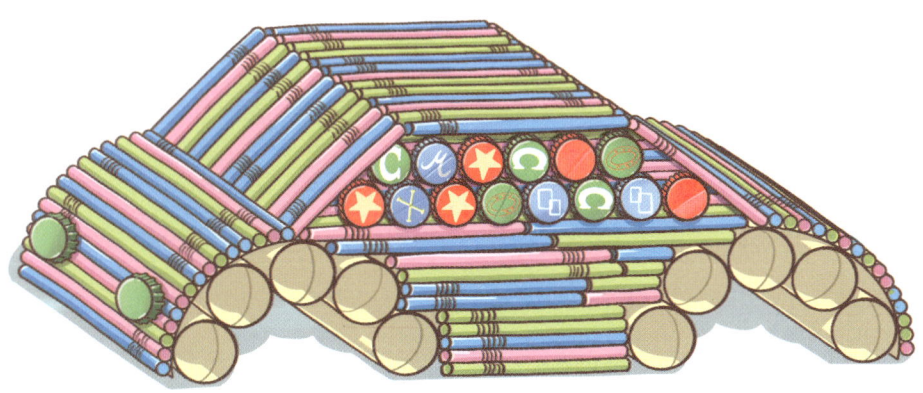

학원에 함께 오는 동안 저작권 사건 등의 얘기를 들으면서 도안이가 생각했던 것보다 치환이는 허술한 데가 있는 친구였어요.

그런데 그런 치환이가 오히려 이제 더 가깝게 느껴졌습니다. 예전에 가졌던 거리감이 확 좁혀진 것 같았어요.

"오케이! 너희들의 뜻을 다 알았고, 뭐가 필요한지도 알았으니 챙겨놓을게. 그리고, 옛날 제자 이도안에 대한 선물로 재활용 공작 작업실에서 RC카를 만들게 해줄게. 어때?"

"앗, 앗! 원장쌤 오늘은 더 잘 생겨 보이세요! 완전 박서준 같아요!"

도안이가 호들갑을 떨며 한껏 아부의 멘트를 날렸습니다. 옆에서 치환이도 거들며 히죽거렸지요.

"야, 박서준이 날 닮은 거거든! 기분이다, 나가서 떡볶이를 사주지!"

"우와!"

원장 선생님을 따라 모두들 신나게 학원을 나섰습니다. 학원이 끝나면 도안이가 즐겨 먹던 분식집으로 향했지요. 떠들썩한 그들 뒤로 어느새 해가 뉘엿뉘엿 저물고 있었습니다.

가을바람이 휑휑 불어왔어요. 그 순간 그들을 지켜보던 한 사람은 찬 바람을 막으려고 겉옷 단추를 여몄습니다. 왠지 눈물이 날 것만 같았습니다.

'칫, 나도 내 단골 분식집 있다 뭐.'

그때 겉옷 주머니 안에 있던 휴대폰에서 카톡 알림이 요란하게 울렸어요.

> 안테나, 여기 고흐 미술 학원 옆 골목 무지개 분식이야. 일루와. 도안이네 원장쌤이 완전 파티처럼 주문하셨어.

19. 어묵의 의미

태하는 카톡을 확인했지만 폰을 주머니에 다시 쑤셔 넣고 무작정 걸어갔습니다. 하마터면 눈물이 왈칵 나올 뻔했지만, 겨우겨우 꾹꾹 눌러 내렸습니다. 겨우 이딴 일로 울면 천하의 안테나가 아니었으니까요.

치환이의 행동을 이해하기는 힘들었지만, 분명히 이유가 있을 거라고 생각했습니다. 아마 뭔가 디자인에 관한 일을 도안이와 먼저 얘기하고 자기에게 다시 설명할 예정이었을 테지요. 카톡을 보내 분식집으로 오라고 한 것도 아마 그것 때문이었을 겁니다.

'그래도 그렇지!'

머리로는 이해하지만, 가슴은 받아들일 수 없다…. 라는 어느 어른의 말이 갑자기 생각났습니다. 태하는 태어나서 한 번도 그런 일이 없었습니다. 그래서 그런 건 자기를 제대로 알지 못하는 어린 애들에게나 있는 일이라고 무시해버렸지요. 그런데 바로 그 말이 오늘 마음에 제대로 꽂혀 버렸습니다.

아주 크고 환하게 빛나는 네온사인처럼 눈앞에 둥둥 떠서 걷는 내내 사라지질 않는 거 아니겠어요?

한참을 걷다 보니 태하는 그 네온사인이 이끄는 곳에서 걸음을 멈추었습니다. 바로 연못 공원 광장에 있는 자기만의 비밀 분식집, 짜장 떡볶이 트럭이었지요. 떡볶이 트럭의 간판은 반짝반짝 빛을 내며 꼭 '태하야, 먹고 힘내'라고 말하는 것 같았어요.

'그래, 먹고 힘내자. 우리 조상들도 그랬어. 금강산도 식후경이라고.'

"아저씨, 여기 짜장 떡볶이 하나랑 김말이, 오징어 튀김 하나씩 주세요."

"오냐, 잘 왔다. 거기 앉으렴."

태하는 아저씨가 가리키는 빨간 의자를 끌어다 테이블에 앉았습니다. 그런데 옆 통수에 따끔한 시선이 느껴졌어요. 태하는 시선이 느껴지는 방향으로 고개를 돌렸습니다.

"아씨, 뭐야……."

거의 자동으로 짜증 섞인 말이 튀어나왔습니다. 왜냐하면 눈을 부릅뜨고 자길 쳐다보는 사람은 김말이를 입에 넣고 있는 최선아였으니까요. 하필 왜 태하의 최애 장소에서 가장 짜증나는 애를 만나는지…. 오늘은 일진이 좋지 않은 것 같았습니다.

"야, 나도 별로 좋진 않거든. 그냥 모른 척하고 먹어라."

선아는 김말이를 우물거리며 지지 않고 답했습니다. 태하는 자리를 박차고 그곳을 벗어나고 싶었지만, 하필 그 순간 테이블 앞에 놓인 짜장 떡볶이의 냄새에 그만 정신을 빼앗겨 버렸습니다. 게다가 오늘따라 튀김들은 더 바삭해 보였습니다.

선아의 김말이에서 파삭! 하고 오징어 튀김 먹는 소리는 정말 더 견딜 수가 없었습니다.

오늘은 태하의 머리와 몸이 참, 말을 듣지 않는 날이었지요.

'젠장, 왜 메뉴까지 똑같은 거야. 기분 나쁘게.'

정말로 선아 역시 짜장 떡볶이 하나, 김말이와 오징어 튀김 하나씩 시켜 먹고 있었어요. 태하는 찜찜하고 어색한 이 분위기가 질색이었지만, 짜장 떡볶이를 입에 넣자마자 그런 마음은 저 뒤로 밀어 버릴 수 있었답니다.

'아…. 역시 이 집 짜장 떡볶이는 최고야. 완전 행복하다.'

태하는 열 개 정도 나온 떡볶이를 야금야금 음미하며 먹었습니다. 물론 함께 주문한 튀김들도 선아에게 질세라 파삭! 소리를 맘껏 내며 우물댔어요.

떡볶이 접시가 점점 비어가고 행복한 시간이 얼마 남지 않은 걸 알게 되자 태하는 다시 조금 우울해지기 시작했습니다. 그때, 느닷없이 꼬치 어묵 하나가 턱 하고 테이블에 놓였습니다. 따스한 국물이 있는 종이컵에 담긴 채로요.

"어묵 1+1 행사 기간이래. 두 개를 들고 갈 손이 없다. 배도 부르고. 너 먹어라."

믿기 힘들게도, 태하에게 어묵을 건넨 건 선아였습니다. 어묵1+1 행사라는 건 처음 들어보지만 아쉬워서 뭔가를 더 먹고 싶었던 태하에겐 딱 맞는 후식이었어요.

태하는 얼떨결에 컵을 받아 국물을 후후 불었습니다. 정말 정말로 마음은 그러길 원치 않았지만, 머리는 태하에게 예절에 대해 얘기하고 있었지요. 머릿속의 잔소리를 더는 듣기 싫어서 태하는 심드렁하게 말했습니다.

"고마워, 최선아."

"아냐 뭘. 내가 산 것도 아닌데. 잘 먹고 가라."

선아는 어깨를 으쓱해 보이곤 터벅터벅 걸어갔습니다. 그 순간 태하는 태어나서 한 번도 본 적 없는 걸 보고 가슴이 철렁 내려앉았습니다.

걸어가는 선아의 머리 위로 네온사인 같은 빛이 보였어요. 잘 보이진 않지만 '얘기해 봐'라고 쓰여 있는 것 같기도 했지요. 게다가 정말 이상한 건 분명히 최선아가 땅꼬마였는데 키가 엄청 자랐다는 거였죠.

태하는 저절로 스르르 일어나게 되었습니다. 그리고 자기도 모르게 선아에게 걸어갔어요. 가까이 이르자 기척을 느낀 선아가 뒤로 휙 돌아보았습니다.

"안태하, 왜 그러냐? 나한테 볼 일 있어?"

"야…. 땅꼬… 최선아, 너 시간 괜찮으면……."

"괜찮으면……?"

태하는 침을 꿀꺽 삼켰습니다. 그리고 또 머리가 아닌 마음이 고래고래 외치는 대로 따라 말했습니다.

"나랑 얘기 좀 하자. 내가 좀 답답해."

태하의 말은 선아에게도 너무 의외였습니다. 몇 초간은 눈만 끔벅였지요.

과연 두 사람은 어떻게 되었을까요?

오늘은 참 태하의 머리와 마음이 여러 번 분리된 날이었네요.

20. 진정한 1등

 두 친구는 어느새 어묵에 국물까지 모두 먹고 종이컵을 쥔 채 걷고 있었습니다. 천천히 걸으며 태하가 털어놓은 이야기에 선아는 크게 놀라지 않았어요.

 우리는 이미 알고 있잖아요? 비우세에서 현우도 비슷한 고민을 했으니까요. 어느 모임에서 자신의 '역할'과 '중요성'이 점점 낮아진다는 생각이 들면 누구나 마음이 위축되고 초라해지는 감정이 생깁니다.

 선아 생각에 태하는 지금 딱 그럴 때인 것 같았어요. 사실 누구나 그런 일을 겪고, 쓸쓸한 마음을 느끼는 경험을 하지만 아마 태하에겐 지금까지 그런 일이 없었나 봅니다. 선아는 태하에게 현우의 이야기를 들려줬어요.

"당연히 현우의 그런 마음을 이용해서 인스타 사건을 일으킨 너희들의 잘못이 있지만."

선아는 잠시 말을 멈추었습니다. 그리고 입술을 달싹이며 다시 어렵게 말을 꺼냈습니다.

"처음부터 현우가 그런 소외감을 들게 한 비우세와 내 잘못이 커. 특히 죽마고우인 내가 좀 더 신경 썼어야 해."

선아는 푹 한숨을 내쉬었습니다. 한숨을 쉰 건 선아인데 희한하게 태하의 마음에서 한숨이 빠져나간 것 같았습니다. 그리고 나니, 설명하긴 힘들지만 개운해진 느낌이 들었습니다. 마음이 조금 가벼워졌다고 할까요?

"최선아, 그래도 현우는 좋겠다."

"현우가?"

"응, 너 같은 친구가 있잖아."

태하는 말을 해버리고 나서 얼굴이 빨갛게 달아오르는 걸 느꼈습니다. 그래서 재빨리 얼굴을 가리려고 일부러 기침을 살짝 했습니다. 다행히 선아는 눈치를 채지 못한 것 같았어요.

"너도 친구 있잖아. 유치환, 이도안"

"걔네는 팀이잖아. 그게 무슨 친구야."

"나도 현미로를 팀으로 만났어. 근데 지금은 친구야."

선아가 싱긋 웃어 보였습니다. 태하는 겨우 진정시킨 얼굴이 다시 빨개지는 걸 깨달았어요. 그나마 저녁이라 어둠이 내려앉아서 잘 보이지는 않을 것 같아 가슴을 쓸어내렸습니다.

그때 선아가 별안간 손뼉을 짝 쳤어요. 무언가 생각난 것 같았지요.

"맞다! 안태하 너 나에 대해서 잘못 알고 있는 게 있더라."

"너에 대해서? 그게… 뭔데?"

태하는 자신이 선아에 대해 뭔가 알고 있었다는 게 새삼 설레었습니다. 어쩌면 둘 사이의 비밀이 될지도 모르니까요.

"나 말이야. 그 수학 올림피아드에서 사실은 세 문제를 찍었어. 고민하다 찍은 것도 아니고 완전 시간 모자라서 그냥 눈 딱 감고 찍은 거야. 문제도 못 읽었다는 거지."

"그게 너에 대해 잘못 알고 있는 거야? 어째서?"

태하는 왠지 조금 김이 빠졌습니다. 기대했던 것보다 훨씬 재미없고, 설레지도 않는 내용이었어요.

"그러니까, 내 말은, 원래 1등은 너였을 거라고. 내가 찍은 세 문제가 너무 우연히도 다 맞아버렸어. 근데 너는 시간 내에 실력으로 다

푼 거잖아."

"아, 응. 그렇긴 하지. 그래도 내가 1등이 되었을까? 어쨌든 대상은 네가 받은 거고."

태하는 선아의 말이 무얼 의미하는지 정확히 알지는 못하는 것 같았지요. 그래서 선아는 이 답답한 안테나에게 콕 짚어서 이야기를 해줘야겠다고 생각했습니다.

"운으로 만들어진 대상이잖아. 너는 실력으로 만든 2등 인거고. 어른들이 그러잖아. 과정이 더 가치 있어야 진짜로 그 결과가 빛나는 거래. 그니까, 괜히 맞게 찍어서 미안하다. 픕!"

선아는 미안하다는 말 때문에 웃음이 새어 나와 버렸습니다. 찍은 게 미안하다는 건 좀 말이 안 되지만 또 말이 되기도 했어요.

"이제 그거 갖고 나 좀 그만 미워해라. 이 둔한 안테나야. 네가 원래 1등이니까!"

선아가 태하의 옆구리를 팔꿈치로 가볍게 툭 때렸습니다. 태하는 아무 말도 할 수 없었습니다. 자기가 진짜 1등이 아니라고 스스로 말하는 선아가 어른들 말처럼 너무 '쿨'해서 혼란스러웠습니다.

너무나 '쿨'한 선아와는 달리 태하의 뺨은 아직 뜨거운 상태였기 때문입니다.

21. 디자인을 내려받다.

다음날 학교에서는 치환이의 인스타그램에 새로 올라온 소식에 조금은 떠들썩했습니다.

과학 경시 대회는 관심이 있는 애들이 아니면 그렇게 크게 주목을 받는 화제는 아니었어요. 그런데 유치환이 아마도 치우천왕 디자인 대신 새로운 RC카 디자인을 꽤 재밌고 기괴한 스타일로 올렸나 봅니다. 선아가 보기에도 유치환은 뭔가 연예 프로그램 기자들처럼 이런 소식을 흥미롭게 전하는 재주가 있었어요.

"과거는 안드로메다로! 22세기에는 머스크멜론, 아… 아니 일론

머스크 말처럼 전기차의 시대!"

'제법인데? 멋있어! 엄마랑 가봤던 〈앤디 워홀의 위대한 20세기전〉에서 봤던 강렬한 느낌이야!'

선아는 치환이의 인스타그램에 게시된 이미지를 보고 속으로 감탄했습니다. 가장 존경하는 미술가인 앤디 워홀의 그림 기법과 비슷하게 알록달록 대조적인 색을 섞어서 만든 재활용 자동차 디자인이 시선을 확 잡아 당겼어요.

"꽤 근사하지? 나도 좀 놀랐어."

선아의 속을 꿰뚫어 본 듯이 해나가 옆구리를 쿡 찔렀습니다. 순순히 인정하긴 싫어서 선아는 인중을 삐죽 올려 보였어요.

"선아야, 해나야 그럼 쟤들 결국 디자인을 교체한 거지?"

"그런 가봐."

"결국엔 터질 게 터져 버렸나 보다. 우리 그 얘기 몇 번 했었잖아."

미로가 안경테를 한 번 올리곤 목소리를 낮췄습니다. 덩달아 선아와 해나도 목소리를 낮췄습니다.

"그러게 말이야. 저작권이라는 건 무섭구나."

비우세 친구들은 누가 들을까 조심하긴 했지만, 이미 어느 정도는 예상했던 일이어서 놀라지는 않았습니다. 왜냐면 이미 미로가 걱정했던 일이 현실로 나타난 것이었으니까요.

미로의 엄마는 공상과학 소설가이기 때문에 저작권에 대해 늘 얘기하셨다고 합니다. 출판사와 그 문제로 몇 번 언성을 높인 통화 하는 걸 들은 적도 있었지요.

미로는 선아와 비우세 친구들에게 아마 글뿐만 아니라 디자인도 저작권이 있어서 치환이네 애들이 곤란해질 수도 있다고 말했습니다.

"그것참 쌤통이다. 유치환 나랑 해나한테 했던 짓을 아주 배로 받아라!"

된통 당했던 현우는 치환이네가 골탕을 먹길 바랐지만 사실 선아의 마음은 좀 불편했습니다.

만약에 그게 현실이 된다면 선아는 가장 센 경쟁자를 잃게 되는 거였죠. 적어도 선아가 생각하는 선의의 경쟁은 상대방과 내가 같은 위치에서 겨루는 싸움이었습니다.

아무리 유치환이 얄미워도 불리한 상황에서 겨루어 쉽게 선아가 이겨버린다면 너무 맥 빠지는 승부일 것 같았어요. 그런 승리로 상장을 받는다 해도 그렇게 통쾌하지는 않을 거예요.

선아는 집에 와서 폭풍 검색을 시작했습니다. 도안이의 디자인이 멋지긴 했지만 RC카의 성능에는 영 맞지 않을 것 같았어요. 그런 선아에게 문득 예전에 구름마블을 상품으로 안겨준 '우주와 하늘 연구소'에 있는 '공유 디자인' 클라우드가 떠올랐던 겁니다.

연구소의 설립 취지가 '모든 이를 위한 과학 기술의 공유'이기에 천이안 소장님은 필요한 사람들이 사용할 수 있도록 무료 디자인을 올려놓곤 합니다. 선아는 그중에 '비행기보다 약간 느린 경주용 자동차 디자인' 카테고리를 찾아냈습니다.

'있다!'

카테고리를 클릭하면서 선아의 가슴이 이상하게 두근거렸어요. 분명 유치환은 지상 최대의 앙숙인데도 그들에게 도움을 주고 싶었습니다. 얼마 전 안태하와 나눈 이야기에 마음이 쓰이기도 했고요.

선아는 클라우드에서 네다섯 개의 디자인을 내려받았습니다. 다행히 아이디가 아직 휴면 처리되지 않아서 선아의 계정으로 내려받기 할 수 있었어요.

모든 디자인이 들어있는 USB를 뽑으며 마지막으로 가장 중요한 일을 했습니다. 바로 내려받은 사람의 이름과 사용처, 목적을 꼼꼼히 적는 일이었지요.

그날 밤, 선아는 한참 동안 잠들지 못하고 뒤척였습니다. 과연 선아가 건네는 USB를 유치환이 기꺼이 받을지, 아니면 평소의 유치환답게 선아의 손을 탁 쳐내버릴 것인지, 이것도 저것도 아니면 어떤 일이 일어날지 아무것도 짐작할 수가 없었거든요.

 항상 모든 일을 계획적으로 자신 있게 해왔던 선아에게 이런 고민으로 잠 못 이루는 일은 처음이었습니다. 이대로 잠을 설치면 내일 학교에서는 숨 쉴 때마다 하품만 팍팍 나오겠지요. 그런데도 이상하게, 선아는 내일이 기다려졌습니다.

 어쩐지 유치환이 더 이상 예전의 유치환 만큼 밉게 보이지 않을 것 같았습니다.

어느새 스르르 잠이 든 선아는 꿈속에서 '가!숨벅찬 비행선'을 타고 있었습니다.

그 비행선 안에는 물론 비우세 친구들이 함께 있었어요. 또 다른 친구들도 있었지만, 그게 누군지는 아직 선아만 알고 있을 것 같네요.

22. 서로서로 손잡고

선아의 잠을 설치게 만들었던 문제의 해답은 세 번째, 이것도 저것도 아닌 황당한 결과로 나타났습니다. USB를 받은 치환이가 그만 울음을 터뜨리고 말았던 게 아니겠어요!

"야아… 최선아. 너 나 일부러 골탕 먹이려고 그러는 건 아니지… 흐엉……."

"유, 유치원 아니 유치환, 너 왜 울고 그러냐? 사람 당황하게. 헐……."

"야, 야, 치환아 일단 눈물 닦고 선아가 가져온 거 보고 말하자."

흑흑 울먹이는 유치환과 그 모습에 잔뜩 당황한 선아 사이에 태하가 끼어들어 진정을 시켰습니다. 옆에 있던 미로도 태하를 거들어 자기 태블릿에 USB를 연결해 실행시켰습니다.

화면에는 선아가 '하늘과 우주 연구소' 클라우드에서 내려받아온 디자인 파일들이 차례차례 열렸습니다. 미로와 태하가 함께 태블릿에 나타난 디자인을 천천히 살펴보기 시작했습니다.

아직 울음을 다 진정시키지 못한 치환이에게는 해나가 계속 물티슈를 건네주고 있었지요. 이 모든 모습을 가만히 지켜보던 도안이가 폰으로 사진을 찰칵 찍었습니다. 그러자 다들 도안이에게 시선이 몰렸어요.

"생뚱맞게 뭔 사진이냐! 이 시국에."

"그러게 말이야. 이도안 너 이 팀 디자이너라며. 빨리 와서 이것 좀 봐."

태하와 미로가 서로 미리 연습이라도 한 듯 똑같이 도안이에게 핀잔을 주었어요. 그리고 해나와 선아는 왠지 그 모습이 웃겨서 동시에 으하하 웃어버리고 말았지요.

"으어… 이거… 이거 되게 멋있다……."

치환이가 불쑥 태블릿 화면을 가리켰어요. 울다가 코가 막혀서 발음이 너무 우스꽝스러웠지요. 그 바람에 이번엔 미로와 태하의 웃음이 빵 터지고 말았어요.

"으하하, 멋었다……."

"유치환 코 먹은 거 아냐. 배부르겠다. 크크크크크."

그러자 너나 할 것 없이 모두에게 웃음 바이러스가 번져나갔어요. 이 모든 모습을 도안이는 계속 카메라에 담았답니다. 아마도 선아의 꿈속에서 비행선에 함께 탔던 사람들은 모두 이 사진 속에 있는 사람들 중에 있을 것 같습니다.

울음을 다 그치고 나서야 치환이는 모두에게 고민 중이던 사실을 털어놓았습니다. 도안이가 재활용품을 이용해서 멋진 디자인을 완성했지만 역시 RC카에는 적절하지 않았다고 합니다. 이렇게도 저렇게도 씨름해 보았지만, 억지로 맞춘다고 다 되는 게 아니라는 걸 깨달았답니다.

"그래서, 너무 아쉽지만 기권하기로 맘먹었었어. 사실은 오늘 선생님께 말씀드리러 가려 했는데 최선아 네가 먼저 나 만나러 온 거야. 포기하려고 했는데, 네가 그걸 써보라고 주는 순간에… 막… 아, 나 또……."

겨우 가라앉았던 치환이의 눈두덩이 다시 벌겋게 부풀어 올랐습니다.

모든 친구들이 치환이에게 손사래를 쳤습니다.

"그만, 그만, 그만!"

"스탑……! 아… 플리즈!"

"야, 너 이거 찍어서 애들한테 보여준다."

아이들은 치환이의 눈물이 나오면 도로 눈으로 쑤셔 넣을 태세로 말려댔습니다. 이렇게 떠들썩한 가운데 유일하게 불참했던 한 사람이 슬며시 그들 사이로 들어왔어요.

"잘들 있었냐."

조금은 어색하게 손을 들었다 내리는 현우를 보는 표정은 모두 제각각이었습니다. 특히 한 사람은 땅이 꺼질 정도로 고개를 푹 숙이고 있었습니다.

　　　　현우는 자기랑 눈도 마주치치 못할 만큼 고개를 숙인 태하에게 성큼성큼 다가갔습니다. 그러곤 크게 힘주어 소리를 질렀습니다.
　"야! 네가 나한테 잘못한 거니까, 오늘 짜장 떡볶이는 네가 쏴라. 튀김이랑 어묵도."
　역시 현우였습니다. 선아는 '역시 내 죽마고우!'라고 생각했지요. 고개를 든 태하는 당연하다며 몇 번이고 고개를 끄덕였습니다. 하마터면 태하까지 눈물을 쏟아낼 뻔했지만 도안이가 이제 적당히들 좀 하라며 먼저 연못 공원을 향해 달려 나갔습니다.

그 뒤를 현우가, 태하가, 미로가, 해나가, 선아가, 그리고 울보 치환이가 따라 뛰었습니다. 그 모습이 마치 선아의 꿈에 나온 비행선을 따라 구름들이 손을 잡고 움직이는 것 같았답니다.

23. 주사위가 던져지다.

　이제 주사위는 던져졌습니다. 드디어 비우세 친구들과 치환이네 팀은 선생님께 각각 완성한 비행선 드론과 RC카를 출품했습니다.

　이번 대회부터는 특별히 선생님께서 주문하신 절차가 있었습니다. '메이킹 필름'이라고 불렸던 경시대회의 준비 과정을 촬영한 파일을 제출하고, 그 파일을 심사위원 선생님들과 함께 보는 것이었습니다.

　그 동영상을 자료 삼아 각 팀의 팀장은 각자 제출한 과학 작품들이 갖는 주제와 의미, 기능 등을 설명하는 시간이 심사에 포함되었답니다. 오늘은 바로 그 메이킹 필름 상영과 발표회가 열리는 날이었습니다.

 저학년부의 발표가 모두 끝나고 드디어 4학년부의 차례가 점점 다가오고 있었습니다. 선아의 가슴이 방망이질 치기 시작했지요. 물론 그건 치환이도 마찬가지였습니다. 두 사람은 마음속으로 한목소리로 외쳤습니다.

 '이제 마지막이야. 결과가 어떻게 되든 달려가 보는 거야!'

 먼저 선아네 팀, 그러니까 비우세의 작품 '가!숨벅찬 비행선 드론'의 발표가 시작되었습니다.

 "음음… 안녕하세요? 저는 4학년 3반 최선아입니다. 그리고 저희 팀 이름은 '비행기를 만드는 우리들만의 세상, 줄여서 비.우.세입니다."

 "아하하, 팀 이름이 재밌네. 기발하기도 하고."

 선아가 첫인사를 마치자, 여기저기서 웃음소리가 들렸습니다. 덕분에 가슴을 지그시 누르던 긴장감이 싹 날아가 버렸지요.

 선아는 편안한 얼굴로 준비해 온 발표를 또박또박 이어 나갔습니다. 발표하는 내내 스크린에 나오는 지난 몇 달간의 이야기를 보면서 선아는 가슴이 뭉클하기고 하고, 뿌듯하게 벅차오르기도 했습니다. 특히 미로가 비행선의 설계에 몰두하는 모습을 클로즈업 한 장면에서는 감정이 북받쳐 거의 울 뻔했어요.

마침내 비행선 드론이 성공적으로 현우 할머니의 손에 약봉지를 날랐을 때는 비우세 친구들뿐 아니라 선생님들까지 감탄하여 박수를 짝! 치고 말았답니다.

선아의 야무진 발표가 끝나자 심사위원장이신 교장 선생님께서 마지막 질문을 던지셨어요.

"비우세의 팀장인 최선아 학생, 이번 과제를 딱 하나의 단어로 표현해 보자면 무엇일까?"

전혀 예상 밖인 교장 선생님의 질문이어서 모두들 술렁거렸습니다. 하지만 정작 질문을 받은 선아만은 살며시 미소를 띠고 있었어요. 그러곤 차분한 목소리로 대답했습니다.

"저는 '역지사지'라고 생각합니다."

"'역지사지'라…. 비행선 드론을 만드는 일과 역지사지가 무슨 관계가 있을까?"

교장 선생님께서 의아한 듯 되물으셨습니다. 대답에 앞서 선아는 앉아 있는 비우세 친구들을 한 명 한 명 바라보았습니다. 그리고 다시 웃으며 말했어요.

"비행선 드론을 만드는 일은 반드시 서로 협동해야 성공할 수 있어요. 협동은 팀원끼리 서로 어떤 걸 잘하고 어떤 걸 어려워하는지 알아야 가능해져요. 그래서 상대방에 대해 이해하는 마음인 '역지사

지'라는 단어가 떠올랐어요."

선아는 역지사지라는 말이 밖으로 튀어나오며 가슴 속이 뻥 뚫리는 걸 느꼈어요. 시원한 바람이 가슴 속에 맴도는 것 같았지요.

선아의 대답을 들은 교장 선생님과 심사위원 선생님들의 얼굴에도 시원한 바람이 부는 것처럼 기분 좋은 미소가 생겨났어요.

"자! 오래 기다리셨습니다. 호연 초등학교의 공식 과학 천재… 는 아니지만, 유치환 입니다!"

"와하하!"

드디어 치환이네 팀의 발표 차례가 되었어요. 치환이는 선아만큼이나 떨었던 아까와는 완전히 다른 사람이 되어 발표 단상에 올라섰어요.

선아는 장기자랑 때마다 치환이가 자신 있게 음원을 켜놓고 춤과 노래를 보여주던 예전의 모습들이 떠올랐어요. 사실 그때마다 몸치인 선아는 많이 부러웠거든요. 다른 건 몰라도 '참 끼가 넘치는 녀석'인 건 틀림없었습니다.

"저희 팀 이름은 없지만, 작품의 이름은 지었습니다. 바로 '양반 후반 동반카'입니다."

"무슨 이름이 그래…. 양념 반 후라이드 반 치킨이냐, 킥킥."

다른 학년 친구들이 여기저기서 킥킥대는 소리가 들렸습니다. 선생님들께서 주의를 시키시자 점차 조용해졌지만, 여전히 치킨 얘기를 소곤대는 아이들의 소음이 잦아들지 않았지요. 하지만 치환이가 발표를 시작하자 소음은 어느새 쥐죽은 듯 고요해졌습니다.

"두 개로 나눠진 화면 속에서 왼쪽은 디자인을 바꾸기 전의 우리들이고, 오른쪽은 디자인을 새로 바꾼 후의 우리들입니다."

치환이의 말처럼 화면은 두 개의 이미지로 분할되어 있었는데 일부러 같은 과정을 대조하여 나란히 놓은 것 같았습니다. 왼편은 치우천왕 디자인을 허락받지 않은 채 일사천리로 RC카에 입히는 모습, 오른편은 고흐 미술 학원에서 재활용 재료들을 이용하여 얼굴에 종이가 덕지덕지 묻어도 열중하는 모습이었습니다.

"그리고 여기가 마지막 화면입니다. 저희가 걸어온 과정은 이러한 결과로 나타났습니다. 즉, 양반 후반 동반카는 양심 반 후회 반의 길을 걸어온 우리 팀이 결국 함께 타게 된 차라는 의미입니다."

치환이는 화면 한가운데를 가리켰습니다. 거기엔 완전히 새로운 RC카 이미지가 있었습니다. 선아는 그 디자인을 알아볼 수 있었어요. 아니나 다를까 RC카 아랫부분에는 또렷한 글자로 이렇게 새겨져 있었답니다.

'우주와 하늘 연구소 디자인 도움'

치환이는 조금은 당돌하게 교장 선생님께 먼저 여쭤봤습니다.

"교장 선생님, 비우세 팀장에게 하셨던 질문에 대한 답을 저도 해도 될까요?"

"아, 치환 학생. 좋아요. 그래, 유치환 학생에게 이번 과학 작품은 한 마디로 무엇인가요?"

교장 선생님께서 물으시자 치환이는 씩 웃으며 자기 팀 친구들과 비우세 팀 친구들을 한 번 돌아보았습니다. 마지막에 선아를 볼 때는 알 듯 말 듯 개구쟁이 같은 웃음을 지었습니다. 그리고 기다리는 사람들을 향해 큰 소리로 치환이는 말했답니다.

"친구요!"

24. 특별한 자유 이용권

"교내 과학 경시대회 4-6학년부 2등 비우세 팀!"

조금은 아쉽게도, 선아네 비우세 팀은 대상을 거머쥐지는 못했습니다. 선아가 그토록 바라던 '우주 캠프'에도 대상을 받은 다른 팀이 가게 되었지요. 그렇지만…….

"야, 우리 팀이 '특별상'을 받아서 여기 온 거 알지? 이 비우세들아, 어서 '고맙습니다' 해봐!"

"아오, 이 유치원생 유치환! 변한 게 하나도 없냐?"

선아는 치환이 머리를 툭툭 치며 말했습니다.

그러자 치환이가 지지 않고 선아의 묶은 머리를 잡으며 반격했어요.

"대상도, 2등도, 3등도 받지 못한 '와와 랜드' 자유 이용권을 받은 팀은 바로 '특별상'인 우리 팀이라고! 이 말꼬리 머리 최선아!"

"뭐? 말꼬리? 너! 말 궁둥이에 받쳐 볼래?"

"야야 유치환 여자한테 뭐 하는 거야, 어서 놔. 선아 아프겠다."

티격태격하는 선아와 치환이 사이에 태하가 끼어들었습니다. 모두들 태하의 말에 주목했습니다. 그중에서도 치환이의 눈이 반짝이며 뭔가 눈치챈 낌새였지요.

"선아 아프겠다~~? 너 되게 최선아 걱정한다. 얘들아, 내가 잘못 들었냐?"

"아니, 나도 들었어."

해나가 손을 번쩍 들었습니다. 그러자 미로와 도안이도 얼른 따라 외쳤어요.

"나도 분명히 들었다!"

"아, 아, 아니야 얘들아. 무슨 소릴 하냐. 그냥 난 누가 다치면 오늘 재밌게 못 노니까. 야, 아니야."

이미 얼굴이 고구마처럼 벌겋게 달아오른 태하가 죽어라고 손사래를 쳤지만 아무 소용없었습니다. 친구들은 와와 랜드에 입장해서 첫 번째로 타기로 한 롤러코스터에 도착할 때까지도 태하를 놀려댔습니다.

빛의 속도로 내달리는 롤러코스터에서 선아와 친구들은 하늘 끝까지 닿도록 소리를 질렀습니다. 거세게 귓불을 때리고 지나가는 바람과 쨍하게 내리쬐는 햇볕 사이로 용처럼 굼실굼실 친구들을 싣고 달리는 롤러코스터가 꼭 가!숨벅찬 비행선과 양반 후반 동반카가 합쳐진 것 같은 모습이었지요.

친구들은 모두 같은 생각을 하고 있었습니다. 앞으로 어른이 되고, 이번 대회처럼 아니, 더 심한 위기를 만나도 결국 지금처럼 웃으면서 다시 롤러코스터를 타게 되는 순간이 올 거란 걸 말이죠. 그리고 하나 더 생각했지요.

오늘 짜장 떡볶이는 누가 쏘는 거지?

25. 어느 특별한 겨울이야기

선아와 친구들의 이야기는 가을이 지나고도 계속되었습니다.

뒤도 돌아보지 않고 서로를 꺾기 위해 달려온 끝이 과학 경시대회라고 믿어왔었지요. 그런데 알고 보니 과학 경시는 모두에게 끝이 아니라 시작이었답니다. 경쟁자나 서로 죽도록 미워했던 상대가 아니라 새로운 이야기를 채워가는 친구로서 말이에요.

과학 경시가 끝나고 겨울 방학이 가까워져 오면서 선아에게는 고민 아닌 고민이 생겨버렸답니다. 아니 사실은 그동안 잊고 있었다고 표현하는 게 정확할 거예요. 대회가 끝나고 나면 반드시 지켜져야 할 약속을 미로는 잊지 않고 있었거든요.

"이게 바로 전설 속에서나 볼 수 있다는 구름마블!"

겨울 방학 날 선아는 약속을 지키기 위해 친구들을 집으로 불렀습니다. 이번엔 비우세 친구들 뿐이 아니었어요. 상대 팀이었던 도안이와 치환이 그리고 태하도 함께였습니다. 다른 친구들을 대표하여 태하는 무언가를 한 아름 들고 왔어요.

"아줌마, 이거 엄마가 갖다 드리래요. 이것도요. 초대해주셔서 감사합니다!"

태하는 제법 의젓하게 선아 엄마에게 인사를 드렸습니다. 그리고 커다란 꽃다발과 케이크를 내밀었어요. 선아 엄마는 얼굴 가득 함박웃음을 지으며 선물을 받았답니다.

"태하는 아주 어른스럽구나. 너희들 모두 우리 집에 와줘서 영광이야!"

선아 엄마는 아빠와 함께 반갑게 친구들을 맞아주었습니다. 엄마보다 요리를 잘하는 아빠가 이번에는 짜장 떡볶이 대신 잡채를 만들어 주기로 했어요. 친구들은 식사 시간이 되기 전까지 신나게 한 판 승부를 겨뤄보기로 했답니다.

"자, 어디 한 번 제대로 붙어보자!"

칭찬을 받아서 잔뜩 기가 살아난 태하가 먼저 나섰습니다. 그러자 미로도 지지 않고 받아쳤지요.

"겁낼 줄 알아? 우리에겐 게임 주인 최선아가 있다고!"

"자자, 입으로 게임 하냐. 어서 시작하자, 애들아."

해나가 구름마블 판을 펼치고 재빨리 카드를 나누어주었어요. 첫 번째 판의 팀은 우선 과학 경시에 출전한 대로 나누어 겨루기로 했지요. 친구들의 눈은 그 어느 때보다 반짝반짝 빛이 나기 시작했습니다.

주방에서 그 모습을 지켜보던 선아의 아빠는 지난번에 비우세 친구들이 왔던 때처럼 슬그머니 폰을 꺼내 들었답니다. 아빠의 뜻을 눈치챈 엄마도 옆에 와서 화면 속의 친구들에게 시선을 집중했어요.

"진짜로 좋을 때다. 이 사진 한 장씩 현상해서 나눠줘야겠어."

"아주 좋은 방학 선물이 될 것 같네요."

찰칵. 구름마블과 어지러이 흩어진 카드와 말들, 친구들이 서로 장난스럽게 언쟁하는 얼굴이 하나의 프레임 안에 담겼습니다. 그렇게 친구들의 겨울이 한 장의 추억으로 기록되었답니다.

크리스마스가 지나고 새해가 되기 이틀 전에 미로는 한 통의 전화를 받았어요. 생각지도 못했던 기쁜 연락이었기에 한달음에 지유 편의점으로 달려갔습니다. 어찌나 빠르게 달렸는지 하마터면 두껍게

쌓인 눈 무더기에 미끄러질 뻔했답니다.

"미로야, 오랜만이야."

편의점 문을 열고 들어서자 천재영 형이 반갑게 인사를 건넸습니다. 실은 과학 경시기간 동안 미로와 재영이는 가끔 연락을 주고받았어요. 미로의 드론 설계가 막힐 때, 친구들이 갈등할 때 가끔 재영이 형에게 답답한 마음을 털어놓았지요. 그럴 때마다 재영이는 아주 주의 깊게 미로의 이야기를 듣고 조언을 아끼지 않았습니다.

어느새 두 사람 사이엔 '브로맨스' 비슷한 의리가 생겨난 듯했지요. 그런데 오늘 재영이의 입에서 전혀 예상치 못한 충격적인 이야기가 흘러나왔습니다. 미로는 너무 놀라 눈을 깜빡이는 그것조차 잊어버린 듯했어요.

"국제 학교에 가지 않는다니! 형, 합격한 학교를 왜 안 가!"

재영이는 어이없어하는 미로에게 싱긋 웃으며 답해주었습니다.

"언젠가 너도 이해할 날이 있을 거야. 국제 학교보다 나한테 중요한 게 있다는 걸 알게 되었어. 그리고, 그건 너희들 덕이 커."

"우리들 덕이라고? 비우세 친구들 말이야?"

"그래. 덕분에 내가 진짜 바라는 건 '과학을 잘하니까 국제 중학교에 가는 게' 아니라 '과학을 좋아하니까 더 잘하고 싶다'라는 걸 알았어."

"그게… 많이 다른 거야?"

미로는 진심으로 헛갈렸습니다. 잘하는 것과 좋아하는 것 사이의 관계가 무엇인지 처음으로 혼란스러워졌어요. 재영이는 여전히 웃으며 말했습니다.

"나도 다른 줄 몰랐어. 그런데 이제는 아주 조금 알 것 같아."

미로는 집으로 돌아오는 길에 내내 생각에 잠겼습니다. 처음엔 재영이 형의 말이 너무 어이없어서 좀 화가 나려고도 했습니다. 남들은 이것저것 다 해보고 기를 써서 들어가려는 학교에 턱 하니 붙어 놓고 이제 와서 가지 않겠다니요…. 더구나 그 이유가 '과학을 잘해서가 아니라 과학을 좋아해서'라는 것도 괴상했어요.

이제는 미로의 롤 모델이 된 재영이 형을 싫어하고 싶지 않아서 이 상황이 더 싫었어요. 형을 이해하고 싶었지만 이해가 되질 않았지요.

그런 생각에 푹 빠진 채 얼굴을 목도리 속에 깊게 묻고 걷다가 미로는 그만 한 아이와 부딪히고 말았어요.

"아야야… 어후 아퍼라. 넌 괜찮아?"

미로는 자기와 부딪힌 아이에게 물었습니다. 아이는 1학년쯤 되어 보였는데, 태권도복을 입은 위에 걸친 점퍼를 채우지도 않은 채 고개를 끄덕였어요.

이 추운 겨울에 얇은 도복이 다 드러나서 얼굴이 찬바람에 빨갛게 되었는데도 아이는 빙글빙글 웃고 있었어요. 손에는 메달을 들고 말이에요.

온몸의 외투를 풀어헤치고도 그 메달만은 손이 자물쇠로 보일 정도로 꼭 쥐고 있었어요. 그런 아이의 모습이 미로에겐 무척 신기해 보였습니다.

"너 태권도 배워? 그 메달도 혹시 태권도 메달?"

미로는 아이의 점퍼에 묻은 눈들을 툭툭 털어주며 물었습니다. 아이는 크게 고개를 끄덕였습니다. 그러더니 기다렸다는 듯이 메달을 앞으로 내밀며 말했어요.

"3등이나 해서 동메달 받았어. 태권도 정말 재밌는데 메달도 받으니까 너무 좋아!"

아이는 너무 자랑스러워서 붉은 볼이 금방이라도 터질 것처럼 웃었습니다. 그 순간 미로는 자기 눈 앞을 가리고 있던 어떤 막이 쓱 벗겨진 느낌이었고 겨울의 애린 바람은 안경 안으로 파고들어 눈이 따금해지고 말았어요. 하지만 몇 번 껌벅이고 눈을 뜨자 오히려 아까보다 앞이 선명히 보였습니다.

아이는 여전히 미로를 향해 메달을 흔들며 붉은 볼을 한껏 올려 웃고 있었지요. 거의 벗겨지기 직전이 아이의 점퍼를 똑바로 입혀주고 지퍼를 끝까지 올려주며 미로는 말했습니다.

"좋겠다. 태권도 정말 재밌어서."

그러곤 이제 재영이 형의 말이 조금은 알 것도 같다고 생각했습니다.

어느새 해가 바뀌어서 친구들이 기다려오던 1월이 되었습니다.

비우세 친구들은 과학 경시대회 이후부터 사실은 다음 프로젝트를 준비해 왔답니다. 그건 기발하지만, 미처 이뤄지지는 못했던 치환이의, 또 도안이의, 그리고 태하의 아이디어를 실행에 옮기는 일이었지요.

바로 미래 자동차에서 어린이와 청소년을 대상으로 개최하는 '미래의 전기차' 공모전에 참가하는 게 그 일이었습니다.

12월에 참가자 접수를 마감하고 1월 중으로 아이디어 스케치, 자동차에 대한 간략한 보고서, 그리고 제작 모형을 제출하는 일정에 따라 움직여야 했어요.

기본적인 아이디어가 이미 있었기에 친구들은 스케치와 모형 제작에 그리 시간을 쫓기지 않을 수 있었어요. 도안이가 혼자 그려본 아이디어를 미술 학원에서 이미 모형까지 어느 정도 제작하여 과학 경시 대회에 나갈 준비를 했었으니까요.

문제는 보고서였습니다. 통통 튀고 눈을 잡아끄는 동영상 방식의

보고서는 치환이 전문이었지만 미래 자동차에 제출해야 하는 보고서는 문서로 단정하게 정돈된 ppt여야 했습니다. 그래서 세 친구는 ppt프로그램에 강한 비우세 친구들에게 도움을 청했습니다.

"하여튼…. 우리가 없으면 너흰 아무것도 못 하는구나?"

"최선아, 착각 좀 하지 마라. 내가 진짜 못해서 안 하는 게 아니라 너희한테 기회를 주는 거잖아. 이 좋은 걸 어떻게 우리만 하냐. 의리 없게~."

"그래, 그런 거로 쳐줄게. 누나인 내가 너그럽게 봐줘야지. 석 달이나 먼저 태어났으니까. 어이 치환 동생, 누나한테 물 좀 가져와 봐. 어서~."

"뭐, 뭣? 누나? 야 최선아! 겨우 석 달 갖고, 세 살도 아니면서!"

"그만, 얘들아 늦어도 모레엔 제출해야 해. 집중 좀 하자."

"그래, 태하가 많이 정리했으니까 마지막으로 다 같이 꼼꼼히 검토만 두세 번 하면 돼."

"도안아, 얘네들이 보고서 맡는 동안 우린 마지막으로 자동차 평형 점검하자. 차가 약간 기울어 보여."

"그래, 해나야. 여기 타이어 아래에 캔을 하나 더 오려 붙일까?"

익숙한 대화들이 떠들썩하게 실내를 채웁니다.

오늘은 치환이의 침대 위에 펼쳐진 보고서와 책상 위에 놓인 리사

이클링 전기차 모형을 두고 옥신각신하는 친구들의 모습이 여느 때처럼 정신없어 보입니다. 분명 처음 보는 장면인데, 이상하게도 지난 가을 언젠가 본 것만 같은 느낌은 착각일까요?

오늘은 선아의 부모님 대신 동생의 방 안을 흐뭇하게 지켜보고 있는 치환이의 형이 슬그머니 폰을 꺼내 듭니다. 그리고 오늘의 이 역사적인 현장을 남겨봅니다.

찰칵!